《한국의 정체성》《한국의 주체성》의 저자
탁석산의 색다른 시도

오류를 알면 논리가 보인다

탁선생의 손에 잡히는 논리 체험

오류를 알면 논리가 보인다

지은이·탁석산 | 펴낸이·김준성 | 펴낸곳·책세상 |

초판 1쇄 펴낸날 2001년 12월 5일 | 초판 29쇄 펴낸날 2025년 1월 15일 |

주소·서울시 마포구 월드컵로23길 38, 2층 (04011) | 전화·02-704-1251⁽영업부⁾ 02-3273-1333⁽편집부⁾ |

팩스·02-719-1258 | 이메일·editor@chaeksesang.com | 홈페이지·chaeksesang.com | 등록 1975. 5. 21

제 2017-000226호

ISBN 978-89-7013-293-8 03170

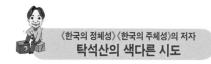

《한국의 정체성》《한국의 주체성》의 저자
탁석산의 색다른 시도

오류를 알면
논리가 보인다

탁석산 지음

책세상

오류를 알면 논리가 보인다 | 차례

6장 | 오류 분석

시작하면서

오늘도 나는 아침에 눈을 뜬다. 눈을 뜨고 제일 먼저 하는 일은 물 한 잔 마시기. 건강에 좋다고 한다. 거의 하루도 빠뜨리지 않는 일이다. 물을 마신 후에는 습관적으로 신문을 펼친다. 매일 신문에 뭐 볼 거 있느냐는 식으로 말은 하지만, 습관이란 무서운지라 오늘도 신문을 펼치게 된다. 내게는 신문 뒷부분에 실린 사회면부터 보는 습관이 있는데 세상을 거꾸로 읽는 즐거움을 주기 때문이다. 앞으로 앞으로 읽다보면 신문의 칼럼과 사설을 읽게 되는데 별 내용이 없을 것이라고 생각하면서도 이른바 여론 지도층이 어떤 생각을 하고 있는지 궁금해 이 또한 습관적으로 읽게 된다.

그런데 유감스럽게도 사설이나 칼럼은 아침의 물 한 잔만큼도 내 건강을 지켜주지는 않는다. 왜냐하면 논리적으로 미비한 점이 많아 보이기 때문이다. 관점에 따라 생각이 다를 수는 있으나 내용을 떠나 칼럼이나 사설이 어떤 주장을 하는 것이라면 최소한의 조건은 갖추어야 하기 때문이다. 우리가 매일 읽는 사설이나 칼럼이 제대로 씌어진 것인지, 만일 점수를 매긴다면 몇 점이나 줄 수 있는지, 이런 의문에 답하기 위해 이 책은 씌어졌다.

이 책은 논리학의 셈본이다. 즉 논리학이란 무엇인지 논하려는 것이 아니라 논리학이 실생활에서 어떻게 쓰일 수 있는지 보이는 것이 이 책의 목표이다. 따라서 결코 어려운 책이 아니다. 어려운 논리학 책을 쓸 실력도 없거니와 이미 논리학

책은 아주 많이 나와 있으므로 한 권 더 추가하는 것은 별 의미가 없을 것이다. 논리학과 논리학의 셈본의 관계는 수학과 셈본의 관계와 비슷하다. 수학은 어렵고 수준이 높을 뿐만 아니라 일상생활과 직접 관련이 없어 보인다. 미적분과 복소수, 벡터를 몰라도 살아가는 데는 별 어려움이 없다. 나도 그런 것들을 배운 적이 있는 것 같은데 여태껏 써본 일이 거의 없다. 하지만 셈을 할 줄 모른다면 불편하기 짝이 없을 것이다. 동네 가게에서 라면 한 봉지를 사도 셈을 못한다면 얼마나 딱한 노릇인가.

셈은 우리가 살아가는 데 없어서는 안 되는 기술이다. 그래서 학교에 들어가기도 전에 셈본을 배우고 셈을 할 줄 모르면 바보 취급을 당하기 일쑤다. 그런데 이상하게도 논리학의 셈본은 거의 가르치지 않는다. 우리는 물건을 교환하는 것 못지않게 생각을 주고받으며 살아가는데, 왜 물건 교환에 필요한 셈본은 가르치면서 생각을 교환하는 데 필요한 셈본은 가르치지 않는지 생각할수록 이상하다. 남의 말을 제대로 알아듣지 못한다면 생각을 주고받을 수가 없다. 또 내 생각이 옳은지 그른지 스스로 점검할 수 없다면 남의 말을 듣고 싶지도 않을 것이다.

예를 들어보자. 가게에서 780원어치 물건을 고르고 1,000원을 냈다. 만약 파는 사람과 사는 사람, 두 사람 모두 셈을 못한다면 어떻게 될까? 두 사람 가운데 한 사람이라도 셈을 못한다면 아주 난처한 일이 벌어질 것이다. 이런 곤경이 사회를 불편하게 만들고 모두에게 고통을 주기 때문에 우리는 셈본을 배운다. 그럼 이런 경우는 어떤가? 어떤 사람이 절도 용의자로 잡혀왔다. 형사가 다짜고짜 다그친다. "왜 훔쳤어?" 용의자는 "안 훔쳤어요."라고 대답한다. 몇 차례 같은 문답이

오가고 난 뒤에 형사는 "아니, 말귀를 못 알아듣네." 하며 한 대 쥐어박는다. 점차 강도가 높아지면 고문으로 이어질 수도 있을 것이다. 그런데 만약 두 사람이 모두 논리학의 셈본을 알고 있다면 어떻게 될까? 형사가 "왜 훔쳤어?"라고 물으면 용의자는 "그것은 복합질문의 오류가 아닌가요?"라고 반문할 수 있다. 그러면 형사는 잘못을 인정하고 "그렇군. 그럼 다시 시작하자. 네가 훔쳤어?"라고 물을 것이다. 용의자가 아니라고 대답하면 형사는 증거를 제시해야 한다. 이것이 논리학의 셈본이다. 거스름돈을 잘못 받으면 제대로 셈을 해서 따지고 수긍하는 절차를 밟는다. 생각을 나누고 대화를 나누는 일도 마찬가지다. 이렇게 수학에 셈본이 필요하듯 논리학에도 셈본이 필요하다.

그렇다고 해서 논리학의 원리와 개념들을 다 알아야 하는 것은 아니다. 이 책은 일상생활에 논리학을 적용하는 방법을 안내서처럼 제시하려 한다. 원리를 알지 못하더라도 안내서에 제시된 방법대로 따라하면 원하는 결과를 얻을 수 있다. 가령 에어컨이 어떤 원리로 작동하는지는 모르더라도 안내서대로 하면 시원한 바람을 쐴 수 있다. 이 책은 안내서이다. 그러니까 논리학을 어떻게 사용하는지 보여주는 설명서인 셈이다. 논리학이 무엇인지 모르더라도 안내서대로 하면 생각을 점검할 수 있다. 그러므로 논리학 책이라고 긴장하지 않아도 된다. 그저 휴대 전화기 작동 설명서를 대하듯 읽으면 될 것이다.

수학의 셈본이 누구에게나 필요한 것처럼 논리학의 셈본도 모든 사람에게 필요하다. 즉 이 책은 전문가가 아니라 일반인들을 위한 안내서이다. 그러므로 사람들이 자주 읽는 신문의 사설이나 칼럼을 분석 대상으로 삼을 것이다. 거의 매일

대하는 칼럼을 어떻게 읽어내느냐 하는 것은 세상을 보는 눈과 직결된 아주 중요한 문제다. 독자들이 칼럼을 제대로 평가할 수 있다면 좋은 칼럼은 살아남고 시원찮은 칼럼은 사라지게 된다. 즉 우리 언론의 수준이 한 단계 높은 곳으로 발돋움할 수 있다는 얘기다. 지금 우리의 신문은 칼럼을 쓰는 사람은 문장력으로, 읽는 사람은 감정으로 밀어붙이고 있는 형국이다. 양쪽 모두 논리적 사고력을 갖게 된다면 자연스럽게 칼럼의 질이 높아질 것이고, 이는 결국 민주주의의 발전에 일조할 것이다. 독자는 신문의 칼럼을 분석하면서 우리가 읽는 칼럼이 생각했던 것보다 훨씬 오류가 많다는 사실을 알게 될 것이다.

　이 책은 오류를 중심으로 좋은 논증은 무엇인가를 제시하려 한다. 즉 상대편의 오류를 찾아내 공격하려는 것이 아니라 더 좋은 논증을 제시하기 위해 남의 글을 분석하는 것이다. 남의 잘못을 통해 오류를 배워 자신은 그런 오류에 빠지지 않고 좀더 나은 논증을 내놓을 수 있도록 도와주는 지침서가 되고 싶은 것이 이 책의 바람이다. 어린 시절 처음 셈을 배우던 때를 생각해보자. 지금 보면 아무것도 아니지만 처음 배울 때는 셈하는 원리가 무척 어려웠다. 뺄셈과 나눗셈은 특히 어려웠다. 이 책도 마찬가지다. 배울 때는 조금 어렵고 성가실 수도 있겠지만 배우고 나면 배웠다는 사실조차 잊어버릴 것이다. 그리고 자신도 모르게 배운 것을 일상생활에 적용하고 있을 것이다. 그렇다면 성공이다. 자, 나이가 조금 들긴 했지만 셈본 하나를 더 익혀보자.

1장 | 논증이란 무엇인가

정우성은 심은하를 짝사랑한다. 같은 과 친구인데 아직까지 고백을 하지 못했다. 언제나 마음 졸이며 바라보고 이제나저제나 하며 속을 태우고 있다. 그러던 어느 날 놀라운 일이 일어났다. 도서관 로비에서 커피를 마시고 있는데 심은하가 웃으면서 다가오는 게 아닌가. 그녀는 "이거 너 가져."라고 말하면서 꽃을 한 다발 안겨주었다. 와, 이런 일이! 정우성은 너무 기뻐 기절할 뻔했으나 정신을 가다듬고 친구들에게 전화를 했다. 그리하여 그날 저녁 학교 앞 맥줏집에 정우성과 그의 친구들이 모두 모여 기쁨을 나누었다. 마치 무용담처럼 꽃을 받은 이야기를 들려준 정우성에게 친구들은 한결같이 심은하가 그를 좋아하는 것이라고 말한다. 보통 누군가를 좋아하면 꽃을 선물하는 법인데 네가 꽃을 받은 걸 보면 심은하가 너를 좋아하는 게 틀림없다고 결론을 내렸다. 정우성도 고개를 끄덕이며 기분 좋게 그날 술값을 냈다. 며칠 뒤 학생식당 앞에서 다시 심은하와 마주친 정우성, 반가운 마음에 얼른 다가간다. "그 꽃……." 하며 얘기를 꺼내는데 심은하가 말을 자른다. "아, 그 꽃? 너도 알지. 나 따라다니는 선배가 준 거야. 그런데 나 그 선배 싫어하잖아. 그래서 버리려고 했는데 네가 지나가더라. 그래서 너한테 준 거야. 꽃 예쁘지?" 아, 이럴 수가! 정우성은 아무 말도 못하고 자리를 피했다. 그는 다시 친구들에게 전화를 걸었다. 그리하여 그 맥줏집에 어제의 용사들이 다시 모였고 친구들은 한결같이 운이 나빴던 거라고 위로한다. 정우성도 동의한다. 친구들은 기운 내라고 하면서 그날 술값을 냈다.

정우성은 단지 운이 나빴던 걸까? 무언가 잘못된 추론이 있었던 것은 아

사실 우리 사회에서 논증이나 논변이란 말은 생소하다. 일상적으로 말하자면 '말발'이고 조금 고상하게 말하자면 '논리적인 주장'에 해당하는 말인데, 우리 사회에 논증이란 개념이 존재하지 않기 때문에 이 개념이 정착하기에는 어려움이 있을 것이다. 이것은 그만큼 우리 사회에 논리학이 존재하지 않는다는 것을 말해주는 것이다. 이런 환경에서는 당연히 논증 없는 논쟁, 말싸움만 있을 뿐이다.

말로 옮겨지기 전의 논증을 추론이라 부를 수 있다. 추론이란 말도 생소하기는 마찬가지이다. 추론이라고 하면 추측해서 말하는 것이라고 생각하기도 한다. '추론'이 약간 전문적인 냄새가 나기는 하지만 이제는 일상생활에서 쓰여질 때도 되었다. 추론과 논증 둘 다 같은 말이라고 생각해도 무방하다.

닐까? 다시 상황을 정리해보자. 정우성과 친구들이 한 추론은 다음과 같이 정리할 수 있다.

〈가〉

1. 심은하는 정우성에게 꽃을 주었다.

2. 심은하가 정우성을 좋아한다면 꽃을 줄 것이다.

3. 따라서 심은하는 정우성을 좋아한다.

이와 같은 형식의 추론을 하나 더 들어보자.

〈나〉

1. 유쾌한 씨는 만 43세다.

2. 대한민국의 대통령이라면 만 40세 이상이다.

3. 따라서 유쾌한 씨는 대한민국의 대통령이다.

이 추론이 잘못되었다는 것은 누구나 알고 있다. '후건 긍정의 오류'라는 말은 몰라도 이 추론이 말도 안 된다는 것을 배우지 않아도 우리는 안다. 하지만 위의 추론 〈가〉와 추론 〈나〉가 같은 종류의 추론이며 같은 오류를 범하고 있다는 사실은 배우지 않으면 알기 어렵다.

정우성은 운이 나빴던 것이 아니라 잘못된 추론을 한 것이다. 그 결과 맥줏집 주인만 득을 보았다. 친구들이 정우성을 위로해준 것은 인간적으로 봤을 때 바람직한 일이지만 더 나은 미래를 위해서는 결코 바람직하다고 할 수 없다. 이 책은 더 이상 술집 주인이 잘못된 추론의 결과로 매상을 올리는 일을 방지하기 위해서 씌어졌다. 하지만 이 책이 많이 읽힌다고 해도 술집 매상이 줄지는 않을 것이다. 다른 이유로 술을 마실 일은 수없이 많을 테니까. 하지만 이성적인 추론과 인간적인 감성의 교환은 구별해야 한다.

이성적 추론을 하기 위해서는 위와 같이 상황을 정리할 필요가 있다. 즉 어떤 형태로든 가다듬어야 이성적 추론을 하기 쉬운데, 그중 논증으로 재구성하는 것이 한 가지 방법이다. 즉 추론을 논증으로 정리하면 이성적으로 사고하기 쉽고 오류에 빠지지 않을 가능성이 훨씬 높아진다. 그럼 논증이란 구체적으로 무엇인가?

1. 주장─목소리 큰 사람이 이긴다?

이 책에서 다루려는 것은 논증 또는 논변이다. 논증은 하나의 구조물이라

오류란 잘못된 추론을 말한다. 후건 긍정의 오류란, 조건문의 후건을 긍정하면 조건문의 전건이 도출된다고 추론하는 것은 잘못이라는 것이다. 자세한 것은 뒤에서 다시 살펴보자.

전제와 결론의 형식으로 일목요연하게 정리되어 있는 글은 많지 않다. 뼈대를 장식하는 곁가지들만 많이 붙어 있는 경우가 흔하다. 논증으로 재구성하는 목적은 뼈대만을 드러내어 말하고자 하는 바를 분명히 하는 데 있다. 조금은 메말라 보일수도 있으나 추론을 평가하기 위해서는 불가피하다. 그렇다고 너무 부담을 느낄 필요는 없다. 왜냐하면 재구성도 몇 번만 해보면 익숙해지기 때문이다.

할 수 있다. 즉 짜임새가 있다는 뜻인데, 논증의 의미를 분명히 하기 위해서 주장과 대비해보자. 사람들은 대부분 논증을 제시하지는 않더라도 끊임없이 주장을 내놓는다. 일상적인 대화뿐만 아니라 심각한 논쟁에서도 주장은 그치지 않는다. 먼저 일상적인 대화의 예를 보자. 자식 키우기가 점점 더 어려워지는 요즘 우리는 흔히 다음과 같은 대화를 듣게 된다.

엄마 : 왜 학원을 안 다닌다는 거야?

아들 : 그냥 다니기 싫어요.

엄마 : 그래도 이유가 있을 거 아니니.

아들 : 나는 학원 안 다녀요.

엄마 : 공부 안 할 거야?

아들 : 어쨌든 학원 안 다닐 거예요.

이 대화에서 아들은 학원에 다니지 않겠다는 주장을 하고 있다. 그 이유는 무엇인가? 아들은 그냥 다니기 싫다는 것인데, 엄마는 이것을 이유로 인정하지 않는다. 엄마가 보기에 아들은 학원에 다니지 않겠다는 주장만을 되풀이하고 있는 것이다.

좀더 심각한 경우를 보자.

자기의 학설이나 의견을 굳게 내세우는 행위를 주장이라고 할 수 있지만, 여기서는 근거나 전제 없이 단발적으로 자신의 의견을 내세우는 것을 주장이라고 부르고 있다. 우리가 흔히 쓰는 주장이 강한 사람이라는 표현은 전제를 갖지 않고 결론을 강조한다는 뜻이 아니라 결론에 대해 굳은 신념이 있거나 자신의 주장만을 참이라고 여긴다는 뜻일 것이다. 여기서는 근거를 갖지 않은 명제를 주장이라고 한다.

(1) 눈물 속의 10년 세월 발령으로 보상하라.

(2) 악덕 기업주 처벌하라.

우리 사회는 대체로 시끄럽다. 외국인들은 이 현상을 역동적이라고 말하는 경우도 있는데 역동적이라기보다 거칠고 무례하다고 해야 옳을 것이다. 그래서 거의 모든 사람들이 스트레스에 시달린다. 왜 버스나 택시 기사는 언제나 라디오를 크게 틀어놓는지 모르겠다. 게다가 요즘은 휴대 전화 통화 소음까지 가세해서 정말 피곤하다. 차분한 목소리가 우리 사회에 정착될 때 우리의 수명도 연장될 것이다.

(1)은 2001년 8월 29일 국회의사당 앞에서 국립 사범대학교를 졸업하고도 교원 발령을 받지 못한 예비 교사들이 벌인 시위에 등장한 팻말의 내용이다. 주장은 분명하다. 빨리 발령을 내리라는 것이다. 그런데 왜? 팻말만 보아서는 이유나 근거를 알 수가 없다. 사람들에게 나누어주는 전단에서 이유를 밝히는 경우가 많지만 어쨌든 이 팻말만으로는 주장은 알 수 있으나 이유나 근거는 알 수 없다. (2)도 마찬가지다. 무엇을 주장하려는지는 분명히 알 수 있는데 왜 기업주가 악덕인지는 알 수 없다. 이때 근거를 제시할 수 없다면 이것은 단순한 주장에 머물게 된다. 지하철 역사에 가면 지하철 노동조합에서 붙인 포스터에 해고된 노동자를 복직시키라는 구호가 적혀 있는 것을 볼 수 있다. 왜 해고되었으며 왜 복직되어야 하는지에 대한 설명은 긴 호소문에 적혀 있지 않고 주장만 있는 전단도 있다.

흔히 우리 사회에서는 목소리가 큰 사람이 이긴다고 한다. 여러 가지 주장이 난무하며 서로 다른 주장이 충돌할 때 물리적인 힘이 우열을 가린다는 뜻

이다. 도로에서 자동차 접촉 사고가 났을 때 두 운전자는 문을 열고 내리자마자 소리를 질러댄다. 눈 똑바로 뜨고 운전하라는 둥 큰 소리를 치면서 기선을 제압하려 든다. 서로의 잘잘못을 조목조목 차분하게 짚어보지는 않고 모두 상대방 잘못이라고 거듭 큰 소리로 외친다. 흔하게 볼 수 있는 장면이다. 근거를 제시하지 않은 채 주장만이 충돌한다면 목소리가 큰 사람이나 성격이 조금 더 과격한 사람이 이길 것이다. 이 경우 여성에게 가해지는 불리함은 말할 것도 없다.

주장은 근거가 제시되지 않은 의견이다. 곧 구조를 이루지 못한 낱낱의 의견이 주장인 셈이다. 자신의 생각이나 의견을 말한다고 해서 논증이 되지는 는다. 구조가 없다면 주장에 그치게 된다. 예를 들어 왜 지구가 둥글다고 생각하는지 근거를 제시하지 않고도 얼마든지 지구가 둥글다고는 말할 수 있다. 하지만 여기서 중요한 것은 어떤 사유 과정을 거쳐 지구가 둥글다는 의견을 갖게 되었는가 하는 것이다. 즉 근거나 이유를 가지고 지구가 둥글다는 의견을 제시해야 한갓 주장으로 전락하는 것을 막을 수 있다. '반성적인 사유 과정'이 있느냐에 따라 주장이나 의견이 논증과 구별된다. 아래의 대화를 보자.

반성적인 사유 과정이란 왜라는 질문을 계속하는 사유 과정을 말한다. 왜 그런지에 대한 근거를 요구하고 그 근거가 과연 받아들일 만한 것인지를 비판적으로 검토하는 사유 과정을 말한다. 이런 식의 사유는 흔히 주위 사람을 피곤하게 한다. 왜라고 계속 물으면 그만하라는 꾸중을 듣기 마련이다. 반성이란 말은 돌이켜 생각한다는 뜻인데 돌이켜 생각한다면 무엇인가 석연치 않은 것이 발견될 것이고 그 석연치 않은 구석을 해명하려 들게 될 것이다. 이것이 반성적인 사유 과정이다.

고길동 : 나는 외계인이 인간을 창조했다고 생각해.

고민녀 : 왜?

고길동 : 남미에 있는 커다란 새 그림과 몇만 년 전에 만든 정확한 남극 지도 등을 보면 우리 이전에 문명이 있었던 게 분명해.

고민녀 : 우리 이전에 문명이 있었다고 해도 외계인이 인간을 창조했다고는 생각하지 않아.

고길동 : 현대의 유전공학을 봐. 새로운 생명체를 만들어낼 정도로 과학이 발
전했잖아. 인간은 유전자를 조작해서 생명의 신비에 도전하고 있어.
인간보다 앞선 문명을 가진 생명체가 고도의 유전공학을 통해 인간
을 창조했을 가능성도 있잖아. 우리는 새로운 생명체를 창조할 수 있
다고 믿으면서 다른 생명체가 우리를 창조했을 가능성을 부인하는
것은 합리적인 태도가 아니야.

고민녀 : 그래도 난 외계인이 인간을 만들었다고는 생각하지 않아. 신이 인간

'고길동'이란 이름은 만화 〈둘
리〉에서 따온 것이다. 약간은
게으르고 매우 소시민적인 성
격이 친근하게 다가왔다. '고민
녀'는 각종 여성 월간지의 상담
코너에서 자주 만날 수 있는 이
름이다. 상담 코너에 정말 잘 어
울리는 이름이라 생각했는데
고길동과 같은 고씨라서 함께
등장시켰다.

을 창조했을 거야.

　고길동 : 외계인이 신일 수도 있잖아.

　이 대화에서 고길동은 인간이 외계 생명체의 창조물이라는 주장을 몇 가지 근거를 내세워 제시하고 있다. 단순히 느낌이나 단상을 표현하는 것이 아니라 체계를 갖춘 증거를 주장의 근거로 제시하고 있다는 말이다. 따라서 고길동의 주장은 '반성적인 사유 과정'을 거친 논증의 형태로 볼 수 있다. 반면, 고민녀는 외계인이 아니라 신이 인간을 창조했다고 믿고 있지만 근거를 제시하고 있지는 않다. 즉 이 대화에서 고민녀는 논증이 아닌 주장만을 하고 있는 것이다.

　논증도 주장을 담고 있다. 무언가 말하려는 바 혹은 설득하려는 바가 있으니까 논증을 제시하는 것이다. 이때 논증의 결론도 하나의 주장이다. 하지만 논증의 결론인 주장은 다른 주장들 즉 전제들이 지지하고 옹호하는 주장이라는 점에서 다른 주장들과는 분명히 다르다. 주장이 홀로 외치는 것이라면 논증은 지원군이 있는 주장이라고 할 수 있다. 따라서 다른 주장들 즉 전제의 지지를 받는 주장인 결론은 전제와 긴밀한 관계를 갖게 된다.

　우리는 주장만 있고 논증은 상실된 시대를 살고 있다. 정치권도 예외는 아니다. 몇 년이 지난 이야기지만, 박계동 전 의원을 기억할 것이다. 그는 1995년 국회에서 노태우 전 대통령의 비자금에 대한 사실을 폭로하여 구속으로 이끌었던 인물이다. 당시 국회 출입기자들이 뽑은 일 잘하는 국회의원 순위에도 상위권에 들었다. 나는 다음 선거에서 박계동 씨가 틀림없이 당선할 거라고 생각했다. 사생활에도 흠이 없었고 국회에서도 훌륭하게 활동했기 때문이다. 하지만 1996년 총선에서 박계동 씨는 낙선했다. 우리나라 선거는 바

무엇인가를 열심히 읽지 않는다면 이성에 의한 정치는 가능하지 않을 것이다. 텔레비전 화면의 이미지가 아니라 실제적인 내용으로 후보를 판단하려 한다면 팸플릿이나 읽을 거리를 통한 검증 문화가 정착되어야 할 것이다. 스스로 자료를 검토하고 판단해야 선동 정치가 멈출 것이다. 과연 나는 선거철에 얼마나 열심히 자료를 읽었는지 반성하게 된다. 나도 바람에 따라 투표한 것이 아닐까? 그리고 그 바람은 언론이……

람이라는 말이 있다. 유권자들이 후보자의 능력이나 그동안의 활동을 꼼꼼하게 살펴보지 않고 구호에 휩쓸려 투표하는 경향이 있기 때문이다. 나 역시 후보자의 활동이나 이념 그리고 앞으로의 계획을 제대로 따져본 적이 없다. 주장에 불과한 구호에 현혹되어 바람에 휩쓸린 것이다. 이런 풍조는 논증의 부재를 말해준다. 선동에 의한 정치가 아니라 이성에 의한 정치를 원한다면 구호보다 논증을 요구해야 한다. 그럼 논증은 구체적으로 어떤 것인가?

전제와 결론이란 말은 일상생활에서도 자주 쓰인다. '그래, 결론이 무어냐고?' 또는 '그 주장은 이런 것을 전제로 하고 있는데'라는 식으로 사용된다. 따라서 전제와 결론이 생소한 개념이라고 말하기는 어렵다. 하지만 문제는 전제와 결론이 결합되어 논증을 구성한다는 사실은 주목을 받지 못한다는 것이다. 우리가 여기에서 논의하는 바는 분리된 전제와 결론이 아니라 하나의 구조물로서의 논증이다.

2. 논증─왜 그런가?

영화를 보면 사랑에 빠진 여자가 사랑을 확인하기 위해 남자에게 묻는 장면이 나온다. "왜 나를 사랑해?" 이 물음에 남자는 보통 "음, 그냥……좋으니까."라고 답한다. 영화에서는 이것이 정답이다. 낭만적인 장면에서 이유를 꼬치꼬치 따지는 것은 오히려 영화의 감상을 방해할 뿐이다. 하지만 이 답은 일상생활에서는 바람직한 것이 아니다. 여자가 단순히 애정을 확인하기 위해서가 아니라 정말 이유를 알고 싶어서 묻는다면 실제로 이유를 말해주어야 한다. 만약 남자가 "왜냐하면 예쁘고 착하고 나에게 잘해주니까."라고 대답했다면 그는 우리가 다룰 논증을 제시한 것이다. 이것을 정리해보자.

전제 1. 당신은 **예쁘**다.

　　 2. 당신은 **착하다.**

　　 3. 당신은 **나에게 잘해준다.**

결론 4. **나는 당신을 사랑한다.**

　　논증이란 이 경우처럼 전제와 결론을 가져야 한다. 위의 경우 4가 결론이고 1, 2, 3이 전제이다. 일상의 대화나 글에서 '왜냐하면' 으로 시작되는 문장들이 전제이고 '따라서' 또는 '그러므로' 로 시작되는 문장이 결론에 해당한다. 쉽게 말해서 결론은 말하는 사람이나 글을 쓰는 사람이 주장하는 바이다. 그리고 이 주장을 뒷받침하는 것이 전제이다. 따라서 논증이란 결론을 뒷받침할 수 있는 전제를 가지고 어떤 주장을 펴는 것이라고 할 수 있다.

　　이 설명에 따르면 논증이 무엇인지는 비교적 단순해 보인다. 전제와 결론이 있고 전제가 결론을 지지하는 구조면 되는 것이다. 하지만 실제로 논증을 구성하는 것은 그리 쉽지 않다. 사람들은 논증으로 자신의 의견을 나타내지 않고 서술의 형식으로 드러내는데 글에서 논증을 찾아내는 것 자체가 쉽지 않기 때문이다. 거칠게 말한다면, 살아봐야 삶이 무엇인지 알게 되는 것처럼——사실은 살아봐도 잘 알지 못하지만——논증이 무엇인지 알려면 연습을 통해 논증을 많이 구성하고 분석해보아야 한다. 빵집 아저씨에게는 밀가루가 기본 재료이듯이 논쟁이나 토론을 위해서는 논증이라는 기본 재료가 필요하다. 원리는 단순하다. 어떤 주장을 할 때 그 주장의 근거를 대면 논증은 구성된다. 즉 어떤 주장이 결론이고 그 주장의 근거가 전제가 된다. "사람은 왜 살지?"라는 물음에 "죽지 못해 산다."고 답한다면 이것도 논증이 될 수 있다. 정리해보면 다음과 같은 단순한 논증이 될 것이다.

명제는 문장과 구별할 수 있는데, 문장은 물리적 대상으로 철자로 이루어진 연속체이다. 명제, 문장의 구별은 학자마다 다르며, 매우 어려운 철학적 문제가 도사리고 있다. 여기에서는 편하게 명제를 쓰기로 한다.

전제 1. 생에 대한 맹목적 집착은 인간을 죽지 못하게 한다.
결론 2. 사람은 맹목적 집착 때문에 산다.

약간은 엉성해 보이는 이 논증을 하나의 문장으로 바꾸면 '사람은 죽지 못하기 때문에 산다' 또는 '죽는 것이 쉽지 않기 때문에 사람은 어쩔 수 없이 산다'가 될 것이다. 어쨌든 이것은 논증으로 성립한다.

논증이란 결론을 지지하거나 옹호하는 증거를 제시하는 한 무리의 명제라고 할 수 있다. 즉 어떤 명제(결론)가 참이라는 것을 증명하기 위해서 제시되는 명제들의 무리다. 주장과 논증을 구별하는 가장 큰 차이점은, 주장은 독립적인 데 비해 논증은 하나의 구조물이라는 것이다. 여기서 구조물이란 주장하려는 결론과 그 결론을 지지하는 다른 명제들 즉 전제로 구성된다는 뜻이다.

나는 〈100분 토론〉이라는 텔레비전 프로그램을 즐겨 본다. 그 이유는 다른 토론 프로그램에 비해 근거를 좀더 직설적으로 묻기 때문이다. 진행자인 유시민은 패널이 어떤 주장을 하면 거의 언제나 "그런데 그 주장에 어떤 근거가 있습니까? 근거가 있다면 말씀해주시죠."라고 묻는다. 그럼에도 불구하고 패널이 근거를 제시하지 않으면 유시민은 다시 묻는다. 가령 이런 식

우리나라도 이제 토론 문화를 받아들이고 있다. 〈서세원쇼〉는 연예 프로그램이기는 하지만 어쨌든 토론의 장을 만들었다. 하지만 본격적인 토론 프로그램을 위해서는 진행자보다 패널의 수준이 높아야 하는데, 보통 패널들은 자신의 주장을 홍보하기 위해 나온 것 같은 태도를 보인다. 토론을 위해서는 다른 패널의 말을 경청하는 자세가 무엇보다 필요하다.

이다. "주장하려는 바는 충분히 알겠습니다. 그런데 제 질문은 왜 그래야 하느냐는 것입니다. 다시 한번 말씀해주시겠습니까?" 유시민은 주장이 아닌 논증을 원하는 것이다. 진행자는 논증을 원하는데 패널은 계속 주장만 되풀이하는 답답한 광경이 자주 벌어지곤 한다. 토론자 모두가 논증을 제시한다면 한결 이성적이고 차분하고 생산적인 토론이 될 것이다.

논증이 전제와 결론의 형식을 갖는 구조물이라면 전제와 결론은 어떤 관계인가? 물론 앞에서 말한 대로 전제는 결론의 참을 지지하거나 결론을 지지할 수 있는 근거를 제시해야 한다. 좀더 구체적으로 살펴보기 위해 다음의 사설을 보자.

우리 아이는 가요 프로그램을 정말 열심히 본다. 어떤 식으로 변형을 해도 그것이 가요 프로그램이면 가리지 않고 보는데 순위가 그렇게 큰 관심거리는 아닌 것 같다. 아이들도 가요 프로그램의 공정성 시비에 대해 알고 있는 것일까?

가요 순위 프로그램 없애야

KBS가 〈뮤직뱅크〉(제2TV)를 일반 가요 프로로 탈바꿈하기로 함으로써 말썽 많은 가요 순위 프로그램을 없애기로 한 것은 극히 바람직한 결정이다. 사실 지금과 같은 지상파 방송의 가요 순위 프로그램은 1980년 KBS의 〈가요 톱 10〉 프로그램이 뿌리가 된 것인 만큼 KBS의 이번 방침은 결자해지(結者解之)의 의미도 있는 셈이다.

그간 뮤직뱅크 〈생방송 음악캠프〉(MBC), 〈생방송 인기가요〉(SBS) 등 지상파 방송사들의 가요 순위 프로그램들은 9퍼센트 내외의 낮은 시청률과 달리 음반시장에 미치는 영향력 때문에 공정성을 둘러싼 잡음이 끊이지 않았다. 지상파 방송들은 음반 판매량, 방송 횟수, 전화 자동응답 시스템에 의한 팬 투표, 인터넷 집계, 심사위원단 투표, 거리투표 등 여러 방법을 종합해 순위를 매기고 있지만 불투명한 음반시장과 10대 팬들의 과열 반응으로 애당초 공정성과 거리가 있다는 지적이 많았다. 더욱이 오락 프로그램에 인기가수들을 출연시키고자 하는 방송사의 편의와 가요 순위 1위를 하면 음반이 더 많이 팔리는 기획사의 실질 이익이 맞물리면서 공정성 시비는 날로 증폭돼가는 추세다. 이런 순위 매기기가 가수의 PD 종속화를 부를 소지도 있다. 오죽하면 대중음악 개혁을 위한 연대모임이 방송위원회에 시청자 불만으로 '방송 3사 가요 순위 프로그램의 문제점'을 제기했겠는가. 우리 가요의 발전을 목표로 삼는 방송 프로그램이 오히려 가요계의 발전을 저해하고 있다면 잘못된 것이다.

미국 · 프랑스 · 독일 등 선진 외국에는 가요 순위 프로그램이 없다. 일본의 경우도 일부 민영 방송만이 순위를 매기는 정도임을 상기할 때 KBS의 이번 결정은 늦은 감은 있지만 참으로 다행스러운 일이다. 공영방송인 MBC는 물론 SBS도 가요 순위 프로그램의 잡음을 불식하려는 사회적 노력에 동참해 하루빨리 가요 순위 프로를 폐지해야 할 것이다. 동시에 새 가요 프로그램은 특정 스타 위주가 아니라 다양한 장르의 실력파 뮤지션들이 시청자와 즐겁게 만나는 장(場)이 돼야 할 것이다.

〈중앙일보〉 2001년 7월 28일

사설은 국내외적인 시사문제를 신문사가 자신의 신문사의 책임으로 주장을 펼쳐 싣는 글을 말한다. 이에 반해 논설은 신문사의 주장이라기보다는 글쓴이의 주장을 논리적으로 증명하여 읽는 이를 설득하는 글을 말한다.

이 사설은 전제와 결론을 갖는 논증이라고 할 수 있다. 가요 순위 프로그램을 없애자는 결론을 뒷받침하기 위해서 여러 가지 전제를 제시하고 있기 때문이다. 전제와 결론을 구별하여 이 사설을 논증으로 형식화하면 다음과 같다.

전제　1. **가요 순위 프로그램은 불투명한 음반시장과 10대 팬들의 과열 반응으로 공정성과는 거리가 있다.**

　　　 2. **공정성 시비는 우리 가요의 발전을 저해한다.**

　　　 3. **순위 매기기는 가수의 PD 종속화를 부를 소지가 있다.**

　　　 4. **가요 순위 프로그램은 선진국에는 없다.**

결론　5. **가요 순위 프로그램 폐지는 바람직한 결정이다.**

네 개의 전제와 하나의 결론을 갖는 이 논증은 구조물이다. 구조물의 부품과 부품은 서로 관계를 맺고 연결되기 마련이다. 논증에서는 전제와 결론이 관계를 맺는데, 앞에서 말한 대로 이는 결론을 지지하기 위한 것이다. 그럼 위의 사설에서 전제가 구체적으로 어떻게 결론을 지지하는지 살펴보자.

전제 1과 전제 2가 문제 삼는 것은 가요 순위 프로그램의 공정성이다. 가요 순위 프로그램이 공정하지 못하므로 문제가 생긴다는 것이다. 공정하지 못한 가요 순위 때문에 음반 판매량이 달라지고 그 결과 우리 가요가 발전하지 못하고 있다고 말한다. 물론 그럴 수 있다. 하지만 가요 순위 프로그램 자체가 문제인지 프로그램의 공정성이 문제인지는 확실히 구별해야 한다. 프로그램의 공정성이 문제라면 공정성을 확보할 수 있는 방법을 찾는 것이

나을 것이기 때문이다.

그럼 전제 3은 어떠한가? 가수의 PD 종속화는 가요 발전을 저해하는가? 이것이 순위 매기기와 관련이 있기 때문이라면 그에 따른 전제가 필요하다. 즉 가수가 PD에게 뇌물을 주고 순위를 조작한다는 것을 전제로 할 때 가수의 PD 종속화가 가요 발전을 저해할 것이다. 공정하고 투명한 과정을 거쳐 순위를 정하고 그것을 그대로 방영한다면 오히려 무명이지만 실력 있는 가수의 좋은 노래가 유명해질 수도 있다. 이는 결국 가요의 발전으로 이어진다. 따라서 전제 3은 공정하지 않은 순위 매기기를 전제로 할 때에만 설득력이 있다. 마지막으로 전제 4는 어떤가? 선진국에는 가요 순위 프로그램이 없기 때문에 우리도 폐지하는 것이 옳다는 주장이 정당화될 수 있을까? 우선 선진국에서 하지 않으므로 우리도 하지 않는 것이 옳다는 논리에는 찬성하기 어렵다. 나라마다 사정이 다른 만큼 선진국이 참고가 될 수는 있겠지만 기준이나 표준이 될 수는 없다. 게다가 미국은 권위 있는 빌보드 차트가 순위 집계 기능을 훌륭히 하고 있어서 가요 순위 프로그램이 필요하지 않은 것일 수도 있다.

이렇게 따져보면 이 사설에서 가요 순위 프로그램을 없애자는 결론을 지지하기 위해 제시된 전제들은 결론을 지지하는 데 얼마만큼이나 도움이 되는지 의심이 든다. 물론 이 사설은 전제와 결론의 형식을 갖고 있으며 전제와 결론 사이에 어떤 관계가 있는 것이 분명하므로 논증이라 할 수 있다. 하지만 이미 보았듯이 논증이라 해서 모두 좋은 논증은 아니다. 좋은 논증에는 그렇지 않은 논증과 구별되는 특성이 있다. 이 조건들을 살펴보기 전에 형식적인 면에서 전제와 결론의 관계를 해명해주는 두 가지를 알아보자. 그것은 연역과 귀납의 문제이다.

다음으로 넘어가기 전에 연역과 귀납에 대해 잠시 알아보자. 연역은 일반적인 원리에서 특수한 원리를 끌어내는 것을 말하고, 귀납은 여러 개의 특수한 사실을 종합해서 일반적인 원리를 찾아내는 것이다. 잘 이해되지 않는다면 다음 장을 읽어보자.

2장 | 연역과 귀납

1. 타당성—심은하는 죽는다

　전통적으로 논증에는 연역과 귀납이라는 두 가지 형식이 있어왔다. 연역은 전제가 참일 경우 결론의 참이 보장되는 논증이며, 귀납은 전제가 참일지라도 결론의 참이 보장되지 않는 논증이다. 전통적인 예를 들어보자. 논증 〈가〉는 연역의 예이고 논증 〈나〉는 귀납의 예이다.

〈가〉

전제　1. 모든 사람은 죽는다.

　　　2. 심은하는 사람이다.

결론　3. 심은하는 죽는다.

〈나〉

전제　1. 고길동은 3년 전에 돈을 백만 원 떼어먹었다.

　　　2. 고길동은 2년 전에도 백만 원 떼어먹었다.

　　　3. 고길동은 작년에도 오 만 원 떼어먹었다.

결론　4. 고길동은 돈을 떼어먹는 사람이다.

논증 〈가〉에서 전제 1과 전제 2가 참이라면 결론 역시 반드시 참이다. 즉

이미 앞에서 전제와 결론의 구조를 갖고 전제가 결론을 지지하는 추론 형식이 논증이라고 설명했다. 이 논증에 바로 연역과 귀납이라는 두 가지 형식이 있다.

일상생활에서 타당하다, 맞다는 의미는 논리학에서 말하는 '건전성'과 거의 같다. 구태여 논리학에서 이런 구별을 하는 것은 논리학의 영역을 분명히 하기 위함이다. 논리학을 배우고 나서도 여전히 우리는 건전성 개념을 나타내기 위해 '네 말은 타당하다'고 할 것이다. 이 말은 정확히는 '네 논증은 건전하다'이지만.

모든 사람이 죽는다는 것이 참이고 심은하가 강아지가 아닌 사람이라면, 심은하가 죽는다는 것은 거짓일 수 없다. 하지만 논증 〈나〉는 전제가 모두 참이라 할지라도 결론은 거짓일 수 있다. 다시 말해서, 고길동이 3년 연속 돈을 떼어먹은 것이 사실이라 해도 3년 동안 한 번이라도 돈을 갚은 적이 있다면 '고길동은 돈을 떼어먹는 사람이다' 라는 결론은 거짓이 될 수 있다. 따라서 귀납 형식의 추론은 결론의 참이 아니라 개연성만을 준다. 개연성이란 '그럴 것이다' 정도의 보장이다. 즉 '고길동은 돈을 떼어먹는 사람일 가능성이 높다' 는 것을 말할 뿐이다. 다른 용어로 표현하면, 연역은 논증의 타당성을 추구하며 귀납은 논증의 개연성을 추구한다. 그럼 연역의 타당성은 정확히 무엇을 말하는가?

어떤 연역 논증이 타당하다는 것은 전제가 참일 때 결론이 반드시 참이 된다는 의미다. 위의 논증 〈가〉에서 전제가 참이라면——사실 여부와는 관계없이——결론은 거짓일 수 없다. 이런 경우 논증 〈가〉는 타당하다고 말한다. 타당성 개념을 명확히 하기 위해 예를 들어보자.

〈다〉

전제 1. 모든 사람은 죽는다.

2. 터미네이터는 사람이다.

결론 3. 터미네이터는 죽는다.

논증 〈다〉는 논증 〈가〉에서 '심은하' 를 '터미네이터' 로 바꾼 것일 뿐이다. 그럼 〈다〉는 타당한 논증인가? 그렇다. 왜냐하면 전제 1과 전제 2가 참이라면, 결론이 거짓일 수 없기 때문이다. 그렇다면 〈다〉는 받아들일 수 있는 논증인가? 우리의 상식으로는 '터미네이터'는 사람이 아니기 때문에 전제 2는 거짓으로 보인다. 따라서 결론 '터미네이터는 죽는다'를 참으로 받아들이기는 어렵다. 하지만 연역의 타당성이란 측면에서 보자면 논증 〈가〉와 논증 〈다〉에는 아무런 차이가 없다. 둘 다 타당한 논증이다. 이런 의미에서 타당성은 형식적인 개념이다. 형식에 의해 타당성 여부가 판가름 난다는 뜻이다. 사실 심은하가 누구인지 모르는 사람도 많으며 어쩌면 심은하는 애완견의 이름일 수도 있다. 사정이 이러하니 논리학자들이 일일이 전제의 사실 여부를 따지는 것은 불가능하다. 또 터미네이터가 사람 이름일 수도 있다. 영화 〈터미네이터〉의 열광적 팬이라면 아이의 이름을 '터미네이터'라고 지을 수도 있을 것이다. 쇼펜하우어도 강아지 이름을 '헤겔'이라고 짓고 화가 나면 걷어찼다고 한다.

　연역은 증명을 하는 데 매우 유용한 논증이다. 연역은 새로운 정보를 주는 것이 아니라 단지 더 명료하게 사실을 보여주는 것이기 때문이다. 따라서 논증 〈가〉의 결론 '심은하는 죽는다'는 새로운 정보가 아니다. 하지만 명료하게 우리에게 그 사실을 보여준다. 연역은 오랫동안 증명의 도구로 사용되었고 또 증명력이 강하여 두뇌 훈련에도 많이 이용되었다. 우리가 이른바 '기하'라는 이름으로 배웠던 것이 연역의 모범적 예이다. 주어진 공리와 전제에서 결론을 이끌어내는 과정이 바로 연역의 모델이다. 이와는 대조적으로 귀납은 우리에게 새로운 정보를 주지만 연역만 한 증명력은 갖고 있지 못하다. 그렇다면 귀납이 개연성만을 줄 뿐이라는 말은 정확히 무슨 뜻인가?

받아들일 수 있는 논증은 건전한 논증을 염두에 둔 표현이다. 건전성이란 연역 논증에서 '타당성' + '참인 전제'로 구성된 것을 말한다. 다시 말해서 전제가 모두 참이고 형식적으로 타당하다면 건전한 논증이다. '받아들일 수 있는 논증'은 '건전한 논증'으로 바꾸는 것이 옳으나 편의상 이렇게 사용했다.

헤겔의 강의가 인기가 높아 자신의 강의에 학생이 남지 않게 되었던 쇼펜하우어는 헤겔과 헤겔 철학에 대해 일생 동안 적의를 갖게 되었다. 아마도 이런 분위기로 인해 이런 이야기가 생겨나지 않았을까 짐작된다. 철학에는 일화가 많이 있는데 사실과는 거리가 있는 꾸며낸 이야기일 가능성이 높다. 뉴턴이 만유인력을 발견한 것 역시 사과가 떨어지는 것을 보고 발견한 것이 아니라 자료 분석을 통해서였다.

2. 개연성―내일 비가 내릴 확률은?

개연성이란 확실하지는 않으나 아마도 그럴 것이라고 여겨지는 정도를 말한다. 그렇다면 다음의 추론은 어느 정도의 개연성을 가지고 있을까? 함께 알아보자.

귀납 추론이란 많은 사례를 조사한 뒤에 사례들에서 일반화된 결론을 도출하는 사유 방식이다. 먼저 사례들이 많이 일어난 뒤에 일반화된 결론을 이끌어낼 수도 있고 아니면 신약 개발처럼 결론을 미리 예측한 뒤에 사례들을 만들어, 즉 실험을 통해서 원하는 결론을 얻을 수도 있다. 어쨌든 사례들을 일반화하는 추론이 귀납이다. 아래의 추론을 보자.

전제 1. 고길동은 이영자에게 차였다.
　　 2. 고길동은 채시라에게 차였다.
　　 3. 고길동은 킴 베이신저에게 차였다.
결론 4. 고길동은 여자에게 인기가 없다.

고길동이 이런 추론을 했다면 그는 아주 절박한 마음으로 결론에 이르렀을 것이다. 세 번이나 잇따라 여자에게 차였다면 자신이 여자에게 인기가 없다고 결론을 내릴 만도 하다. 하지만 논리학에서 보면 이런 일반화는 성급한 것이다. 즉 지구상의 여자의 수에 비해 고길동이 겪은 사례는 너무 적다. 0에 가깝다. 겨우 세 명의 여자에게 차였다고 '(모든) 여자에게 인기가 없다'는 일반화된 결론을 내리는 것은 적절하지 못하다. 이런 귀납의 약점을 보완하기 위해서는 사례의 수를 늘리면 된다. 세 명의 여자가 아니라 백 명이면 더 좋을 것이고 백만 명이면 더더욱 좋을 것이다.

그러나 사례나 표본의 수를 무작정 늘릴 수는 없는 것이고 아무리 많은 표본을 확보했다 해도 한순간에 결론이 무너질 수 있는 것이 귀납 추론이다.

예를 들어 평생 까마귀의 색을 조사해온 사람을 생각해보자. 무려 백만 마리의 까마귀를 관찰한 뒤에 '까마귀는 검다'는 결론을 내리려는 순간 그의 눈앞에 흰 까마귀가 유유히 날아간다. 그럼 평생의 관찰 기록을 폐기해야 하는가? 그렇지는 않다. 결론의 일반화를 약화시키면 된다. 즉 '모든 까마귀는 검다'가 아니라 '거의 모든 까마귀는 검다' 또는 '대부분의 까마귀는 검다'로 바꾸는 것이다. 그런데 '거의 모든'이라든가 '대부분'은 모호한 개념이다. 그래서 현대의 귀납은 이런 모호한 개념을 확률 개념으로 대체했다. 즉 '까마귀가 검을 확률은 90퍼센트다'라는 식으로 말이다. 숫자가 암시하듯이 확률은 이제 수학의 영역에 속한다. 그리고 더 정교하고 기술적으로 뛰어난 추론 방식이 발전하고 있다.

귀납 추론이 확률이란 외양을 갖추게 됨으로써 개연성 개념은 좀더 분명해졌다. 일기 예보를 보자. 예전에는 '내일은 대체로 맑겠습니다. 때에 따라 비가 오는 곳도 있겠습니다.'라고 예보했지만 지금은 '내일 비올 확률은 30퍼센트입니다. 우산을 준비하는 것이 좋겠습니다.'라고 말한다. 일기 예보는 귀납 추론에 바탕을 둔다. 수십 년 혹은 수백 년에 걸친 기압과 습도 등의 자료를 모아 통계를 내서 내일 혹은 한 달 동안의 날씨를 예보하는 것이다. 통계를 내는 과정에서 가설이 등장하고 가설을 전제로 다시 연역을 하는 과정을 거치지만 여전히 귀납 추리에 바탕을 둔다. 얼마나 많은 자료를 수집하고 그 자료에서 얼마나 적절한 끌개를 잘 찾아내는가가 열쇠다.

까마귀는 분류상 참새목 까마귀과에 속한다. 한데 이 까마귀에도 갈까마귀, 물까마귀, 잣까마귀 등 종류가 다양하다. 특히 갈까마귀는 뒷머리가 희며, 잣까마귀는 온몸에 흰 반점이 있다고 한다. 그러므로 '모든 까마귀는 검다'는 수십 년의 연구를 한순간에 물거품으로 만들 수 있는 위험한 추론인 셈이다.

하지만 귀납 추리를 확률로 환원한다면 우리의 직관과는 어긋나는 일이 일어날 수 있다. 예를 들어 주머니에 검은 돌 9개와 흰 돌 1개가 있다고 하자. 돌 하나를 꺼냈을 때 흰 돌이 나올 확률은 10분의 1이다. 이것은 수학적 확률이다. 즉 끝없이 돌을 꺼낸다면 흰 돌이 나올 확률이 10분의 1이라는 것이다. 하지만 인생이 어디 그런가? 보통의 경우 단 한 번으로 승부가 난다. 따라서 주머니에서 흰 돌이 나올 확률은 50퍼센트라고 생각할 수 있다. 흰 돌 아니면 검은 돌이라는 얘기이다. 이것을 자연적 확률이라 부를 수 있을 것이다. 우리가 지금 다루고 있는 귀납 추론은 아마도 이 두 확률의 중간쯤에 있지 않을까 싶다. 실제 생활에서 귀납——신약 개발이나 일기 예보 등——은 한없이 계속되는 경우를 상정하는 것도 아니고 단 한 번에 그치는 것도 아니다. 할 수 있는 한 많은 사례를 확보하고 그것을 분석해서 일반 법칙을 끌어내는 것이다. 코페르니쿠스의 법칙이 한 예이다. 코페르니쿠스는 천문 관측을 통해 축적한 수많은 자료를 정리하는 과정에서 일반 법칙을 발견하게 되었다. 그리고 코페르니쿠스의 법칙은 뉴턴에 의해 더 간결하고 세련된 법칙으로 탈바꿈하게 되었다. 경험에서 오는 낱낱의 사례에서 일반 법칙 또는 일반화된 결론으로 나아가는 것이 귀납 추론의 특징이다. 물론 이때의 법칙은 개연성을 줄 뿐이다. 다시 말해서, 만유인력의 법칙과 달리 돌이 아래로 떨어지지 않고 위로 솟아오른다고 해도 모순이 생기는 것은 아니다.

귀납 추론의 재미있는 예를 하

나 더 들어보자. '예방주사 효과'라는 것이 있다. 열 명 가운데 일곱 명이 예방주사를 맞으면 나머지 세 명도 병에 걸릴 확률이 줄어든다는 것이다. 즉 예방주사를 맞지 않았음에도 불구하고 예방주사를 맞은 효과를 누릴 수 있다는 것이다. '예방주사 효과'가 참이라는 것을 어떻게 알 수 있을까? 그것은 경험을 통해서, 즉 많은 임상실험을 거쳐 검증된다. 그렇지 않고서야 그 효과를 입증할 방법은 없을 것이다. 하지만 '예방주사 효과'가 실제로 참이라고 해도 주사를 맞지 않은 세 명이 병에 걸릴 가능성은 여전히 남아 있고 또 실제로 병에 걸리기도 한다. 이처럼 귀납의 결론은 확실성이 아닌 개연성만을 줄 뿐이다. 내 경험으로도 '예방주사 효과'는 참인 것 같다. 나는 운전을 할 줄 모르지만 주위에 운전하는 사람이 많기 때문에 운전으로 인한 불편은 거의 없다. 즉 운전면허가 있는 사람이 많은 경우 면허가 없는 사람도 차로 이동하는 데 별 불편이 없는 것이다. 하지만 어디까지나 나는 무면허자인 만큼 종종 불편을 겪기도 한다. 역시 귀납은 개연성을 줄 뿐이다.

예방주사 효과에 대해 처음 들은 것은 의사인 친구를 통해서였다. 예방주사를 다 맞지 않아도 어느 비율 이상 예방접종을 하면 같은 효과를 얻는다는 것인데, 의사들이 이런 것을 생각해냈다는 것이 흥미로웠다. 의사를 우습게 보는 것이 아니라 의사가 개개인이 아닌 집단 전체의 효과를 고려했다는 점에서 재미있었다. 나는 의사가 개개 환자에게만 신경을 쓰는 줄 알았다.

3. 연역과 귀납의 복합―고길동은 벌을 받아야 한다

연역과 귀납의 구별은 논리학에서 여전히 유용하고 중요한 문제다. 그러나 실제 생활에서 우리가 접하는 논증은 보통 연역과 귀납의 복합구조이다. 하나의 논증에 연역과 귀납이 뒤섞여 있는 것이다. 왜냐하면 우리의 사유가 연역과 귀납으로 나뉘어 진행되는 것이 아니라 우리의 사유 구조 가운데 특히 논증에 속하는 것을 편의상 연역과 귀납으로 나누는 것이기 때문이다. 논리학을 배우지 않아도 연역과 귀납을 혼합한 복합구조의 논증을 제시하거

우리가 흔히 연역적 추리라고 하는 것도 엄밀히 말해서 귀납의 결과로 생긴 명제를 전제로 하는 것이다. "고길동은 돈을 떼어먹는 사람이다"라는 명제는 "고길동은 3년 전에도 돈을 떼어먹었다", "2년 전에도 돈을 떼어먹었다", "작년에도 돈을 떼어먹었다"라는 귀납 논증의 결과로 얻어진 것이다.

나 사유하는 일은 흔하다. 아래의 예를 보자.

전제 1. 고길동은 3년 전에 돈을 백만 원 떼어먹었다.

　　　2. 고길동은 2년 전에도 백만 원 떼어먹었다.

　　　3. 고길동은 작년에도 오 만 원 떼어먹었다.

　　　4. 따라서 고길동은 돈을 떼어먹는 사람이다.

　　　5. 돈을 떼어먹는 사람은 나쁜 사람이다.

　　　6. 고길동은 나쁜 사람이다.

　　　7. 나쁜 사람은 벌을 받아야 한다.

결론 8. 고길동은 벌을 받아야 한다.

　명제 1~4는 귀납 논증이고 명제 4~8은 연역 논증이다. 우리가 추론을 할 때는 보통 귀납과 연역이 이처럼 섞여 있다. 대체로 귀납의 결론이 연역의 전제로 쓰이는 경우가 많다. 위의 예에서도 명제 1~4로 된 귀납 논증의 결론인 명제 4는 그 다음 연역 논증의 전제로 쓰였다. 이 논증을 제시한 사람은 고길동이 벌을 받아야 한다는 주장을 정당화하기 위해 근거 자료를 제시하여 고길동이 돈을 떼어먹는 사람이라는 것을 입증한 뒤에, '돈을 떼어먹는 사람은 나쁜 사람이다' 라는 상식을 연역의 전제로 삼아 고길동이 벌을 받아야 한다는 것을 증명하고 있다. 경험적 사실을 바탕으로 당위 명제를 도출한 것이다.

　귀납 논증과 연역 논증은 우리가 흔히 생각하는 것보다 긴밀한 고리를 형성하고 있다. 앞의 예를 다시 보자.

전제 1. 모든 사람은 죽는다.

      2. 심은하는 사람이다.

결론 3. 심은하는 죽는다.

이 논증은 분명 연역이다. 하지만 전제 1인 '모든 사람은 죽는다' 는 귀납 추론의 결론이다. 이것은 수많은 사례들을 일반화해서 '모든 사람은 죽는다' 는 결론을 얻은 것이다. 이 귀납 추론을 정리해보면 다음과 같다.

전제 1. 아무개도 죽었다.

      2. 아무개도 죽었다.

      3. ……

      4. ……

        ……

결론 모든 사람은 죽는다.

우리가 연역 논증의 대표적인 예로 알고 있는 논증에도 귀납 논증이 숨어 있는 것이다.

지금까지 논증이 무엇인지에 대해 알아보았다. 논증과 주장을 구별했고 논증이란 전제와 결론의 형식을 갖는 구조물임을 보았다. 그리고 전제와 결론을 맺어주는 관계를 파악하기 위해 우선 형식의 측면에서 연역과 귀납으로 논증을 크게 나누어보았다. 연역의 특징은 타당성이며 귀납은 개연성만을 준다. 또 일상생활이나 학문에서 연역과 귀납은 뒤섞여 사용되고 있다는

지금까지 논증이란 무엇인가에 대해 배웠다. 정리해보자. 논증이란 어떤 근거를 갖고 하는 주장을 말한다. 여기에서 주장이란 결론을 말하며 근거가 되는 명제는 전제이다. 다시 말해서 전제와 결론의 형식을 갖고 전제가 결론을 지지하는 경우 논증이라 말할 수 있다.

것을 지적했다. 이제 전제와 결론의 관계에서 내용의 측면을 살펴보자. 전제와 결론이 어떤 내적 관계를 가져야 좋은 논증이 될 수 있는가? 즉 좋은 논증이 되려면 어떤 조건을 갖추어야 하는가?

3장 | 좋은 논증이란 무엇인가

우리가 논증을 제시하는 이유는 상대방을 설득하기 위해서이다. 즉 상대방에게 내 주장을 납득시켜 원하는 것을 얻기 위해 논증을 제시한다. 그런데 문제는 상대방도 나와 똑같이 건전한 판단 능력이 있을 뿐만 아니라 그 나름의 지식 체계를 갖추고 있기 때문에 무엇이든 다 믿거나 수용하지 않는다는 것이다. 따라서 논증이 설득력을 가지려면 좋은 논증이어야 한다. 하지만 좋은 논증의 조건은 그리 간단하지 않다. 마치 '좋은 아버지'의 조건이 무엇인지 묻는 것과 비슷하다. '좋은'이라는 말을 만족하는 조건은 어떤 경우든 만만치 않은 법인데 논증의 경우도 예외는 아니다. 어쨌든 좋은 논증의 조건을 따져보자.

좋은 논증의 조건
1. 관련성
2. 전제의 참
3. 충분한 근거
4. 반박 잠재우기

좋은 논증이 되려면 전제가 결론을 정당화할 수 있을 정도로 전제와 결론 사이에 긴밀한 관계가 있어야 한다. 즉 결론의 참을 정당화할 수 있도록 전제와 결론이 관계를 맺어야 한다는 것이다. 그러나 이것만으로는 막연하다. 어떤 관계가 '긴밀한' 관계인지를 밝혀야 한다. 이 책에서는 이 관계를 관련성, 충분한 근거, 전제의 참 그리고 반박 잠재우기라는 네 가지 조건으로 정리한다. 즉 전제와 결론이 관련이 있고 전제가 결론의 충분한 근거가 되며 제시된 전제가 참일 뿐만 아니라 결론을 반박할 수 있는 주장을 미리 잠재울 수 있는 명제가 전제에 포함되어 있어야 한다는 얘기다. 다시 말해서, 결론과 관계없는 전제가 등장해서는 안 되며 결론을 정당화하는 데 꼭 필요한 근거가 빠져서는 안 되고 전제들은 거짓이 아니거나 적어도 수긍할 수 있는 것이어야 한다. 그리고 예상되는 반박 가운데 가장 강력한 것을 미리 생각해서 이것을 논증의 전제 안에서 해소해야 한다. 상당히 어렵고 까다로운 조건이 아닐 수 없다.

이런 조건을 갖춘 좋은 논증을 접하는 것은 쉬운 일이 아니다. 우선 우리가 일상에서 흔히 나누는 얘기를 논증으로 구성한 다음 그것이 좋은 논증이 되려면 어떤 조건을 갖추어야 하는지 알아보자. 술이라도 한잔 걸친 날이면 우리는 흔히 인생의 허무함을 장황하게 논하고 난 후 인생을 즐기라고 말하곤 한다. 자, 당신도 언젠가 친구와 술잔을 나누며 이렇게 이야기한 적이 있을 것이다.

인생은 허무한 것이다. 모든 것이 무로 돌아가고 아무것도 가지고 가지 못한다. 그런데도 사람들은 헛되이 무언가를 얻으려 애쓴다. 허무한 인생에서 헛되이 고생하지 말고 인생을 즐겨라. 어차피 허무한 인생이라면 즐기는 것이 낫다.

여기서 잠깐! 여러분은 어떻게 생각하는가. 인생은 허무하니 마음껏 인생을 즐겨야 한다고 생각하는가? 이것에 대해 반대의 주장을 펼쳐보도록 하자. 여러분 나름대로 전제를 설정하고 자신이 주장하는 바를 이끌어내보자.

이 이야기를 논증으로 정리해보자.

전제 1. 인생은 허무하다.

　　　2. 고생하는 인생이 있는가 하면 즐기는 인생도 있다.

　　　3. 고생하는 인생이든 즐기는 인생이든 결국에는 허무하다.

　　　4. 고생하는 것보다 즐기는 것이 낫다.

결론 5. 인생을 즐겨라.

인생이 허무하다는 데서 출발한 이 논증은 인생을 즐기라는 결론으로 끝을 맺는다. 전제와 결론이 서로 어긋나 보이는 이 논증이 과연 좋은 논증인가? 좋은 논증이라면 누구나 쉽게 받아들일 것이다. 하지만 좋은 논증은 직감으로 판단하는 것이 아니라 기준을 가지고 따져보아야 드러나는 것이다. 이 논증에서 제시된 전제들은 결론인 명제 5와 관련이 있지만 결론을 뒷받침할 만큼 충분한지는 따져보아야 한다. 또 전제 3이 참인지도 따져보아야 한다. 그리고 결론을 반박할 수 있는 주장도 많이 있을 것 같은데 여기에는 나오지 않는다. 다시 말해서, 전제와 결론 사이에 관련은 있어 보이지만 전제의 참은 따져보아야 하고 전제가 과연 결론을 뒷받침하기에 충분한지도 검토해야 한다. 가능한 반박도 생각해서 미리 해결해야 한다. 어떤 조건을 갖추어야 좋은 논증이 될 수 있는지 구체적으로 살펴보자.

일반적으로 좋은 논증을 판단하는 데 어떤 기준이 있을 것이라고 막연히 생각한다. 하지만 무엇이 기준인지에 대해서는 별로 알려지지 않았다. 우리는 논설문을 쓸 때 서론, 본론, 결론과 같은 의미 없는 형식에만 매달리지, 논증이란 개념을 수용한 적도 없었고 더욱이 좋은 논증의 조건에 대해서도 생각해본 적도 없다. 그저 글 솜씨가 좋다는 막연한 판단이 문학 과잉을 낳았고 토론의 부재를 부채질하지 않았나 생각한다.

1. 좋은 논증의 조건

경험으로 미루어볼 때 우리 사회에서 가장 좋은 논증을 제시하는 사람들은 지하철이나 버스의 행상일 것이다. 짧은 시간에 승객들을 설득해서 물건을 사게 만드는 데 동원되는 논증은 그야말로 생존이 걸린 문제다. 보통은 생각했던 것보다 많은 사람들이 물건을 산다. 물론 다른 심리적 요인도 있겠지만 그들이 제시하는 논증이 어느 정도 좋은 논증의 조건을 만족시키기 때문이 아닐까. 행상의 논증은 이 절의 후반에서 분석할 것이다.

앞에서 말했듯이 이 책에서는 관련성, 충분한 근거, 전제의 참 그리고 반박 잠재우기를 좋은 논증의 조건으로 제시하려 한다. 이것은 대머T. Edward Damer의 《잘못된 추론 공격하기*Attacking Faulty Reasoning : A Practical Guide to Fallacy-Free Agruments*》(Wadsworth Publishing Company, 1995)에 나오는 조건을 그대로 옮긴 것이다. 물론 논리학 개론서나 오류론에서 독창적인 아이디어나 기준을 찾기는 어렵다. 대머의 기준을 이용하는 것은 다른 책에 비해 비교적 우리 사회에 적용하기가 쉬워 보여서다. 특별히 새로울 것은 없지만 이런 기준에 따라 칼럼이나 사설을 분석해본다는 것이 중요하다.

(1) 관련성

퍼즐 조각을 맞추어본 사람이라면, 따로따로 보면 별로 관련이 없어 보이는 조각들이지만 하나하나 네 면을 맞추다 보면 결국 전체 그림이 떠오르는 것을 경험해보았을 것이다. 퍼즐 조각의 전제는 모든 조각이 전체 그림과 관련이 있다는 것이다. 퍼즐을 푸는 사람도 이 사실을 잘 알고 있다. 따라서 퍼즐 조각을 손에 들고 이 그림에 해당되는 것인지 즉 관련이 있는지 고민

어떤 사람들에게는 논증이 곧 생존의 문제이다. 지하철 안에서 물건을 파는 사람은 아주 짧은 시간 안에 물건을 사도록 설득해야 하므로 이들의 '말발'에 빈틈이 있어서는 안 된다.

이 책의 '6장 | 오류 분석'에서 이 네 기준을 적용해 평점을 매길 것이다.

할 필요가 없다. 하지만 우리가 다루는 일상의 논증은 퍼즐 맞추기와는 다르다. 주어진 전제가 결론과 관련이 있는지를 따져야 하기 때문이다. 즉 전제가 결론과 관련이 있다는 것을 따져보기 전에는 알지 못한다.

그렇다면 관련성은 어떻게 알 수 있는가? 전제의 참이나 거짓이 결론의 참이나 거짓에 영향을 끼치면 관련성이 있다고 말할 수 있다. 예를 들어 딸이 부모의 반대를 무릅쓰고 결혼한 경우를 생각해보자. 아버지는 화가 나서 딸을 자식으로 인정하지 않게 되었다. 그런데 딸이 경제적으로 매우 곤란한 처지가 되어 아버지를 찾아왔다. 딸이 자신이 처한 어려움을 말하며 도와달라고 애원해도 아버지는 꿈쩍하지 않는다. 너는 내 자식이 아니니 네가 한 말은 아무 의미가 없다고 차갑게 말한다. 이때 딸의 말은 아버지의 판단에 아무런 영향을 끼치지 못한 것이다. 즉 딸의 말과 아버지의 판단은 아무런 관련이 없다. 그런데 딸이 흘리는 눈물 때문에 아버지의 마음이 바뀐다면 딸의 눈물과 아버지의 판단은 관련이 있다. 이것이 관련성이다.

우리는 다른 사람의 얘기를 듣다가 흔히 "그런데 그게 무슨 관련이 있어?"라고 묻곤 한다. 배우지 않아도 관련성 여부를 판단할 수 있다는 말이다. 그런데 관련이 없음에도 예상보다 교묘하거나 숨어 있어서 알아차리지 못하는 경우도 많다. 관련이 있는 전제와 결론의 예로는 앞서의 논증 즉 '예쁘고 착하고 잘해주는 것'이 '사랑하는 이유'가 될 수 있다. 둘 사이에 관련

우리가 다루고자 하는 관련성은 객관적인 것으로 주관적인 관련성은 배제될 것이다. 아버지와 딸의 예는 주관적으로 볼 때는 관련성이 있지만, 객관적으로는 그렇지 않은 경우가 많다. 예를 들어 야구 시합을 하기 전에 속옷을 갈아입으면 시합에서 진다는 것에서 개인적으로는 속옷과 승부의 관련성을 찾을 수 있을지 몰라도 객관적으로 볼 때는 아니다.

동정심에 호소하는 오류는 감정에 호소하는 오류에 속하는데, 이와 같은 오류에는 '공포에 호소하는 오류', '증오에 호소하는 오류' 등이 있다. 아무래도 이성보다는 감성에 호소하는 것이 설득에 더 효과적이기 때문에 이런 오류가 생기는 것이 아닐까 생각한다.

이 있는 것이다. 그럼 다음의 경우는 어떠한가?

전제 1. 나는 연로하신 모친을 모시고 있다.

2. 애도 셋이나 된다.

3. 생활비가 떨어진 지 벌써 3개월째다.

결론 4. 나는 이 회사에 취직할 수 있다.

입사를 위한 면접시험에서 "당신은 무엇을 할 수 있습니까?"라는 질문을 받고 이런 논증을 제시했다면 문제가 있다. 자신이 회사에 취직할 수 있다는 것을 증명할 만한 근거를 제시하지는 않고——가령 몇 년 동안 이 분야에 종사했는지, 어떤 자격증이 있는지, 회사에서 할 수 있는 일이 구체적으로 무엇인지 등——면접관의 동정심에 호소하고 있기 때문이다. 다시 말해서 자신의 딱한 사정을 얘기하고 있는데 딱한 사정과 자신의 능력을 증명하는 것과는 관련이 없다. 물론 딱한 사정을 고려하여 일자리를 줄 수도 있지만 그렇더라도 능력을 증명하는 것과는 여전히 관련이 없다. 취직을 해야 한다는 의지와 능력 증명은 무관하다. 이와 같은 오류를 '동정심에 호소하는 오류'라고 부른다.

전제가 결론과 관련이 있다는 것은 전제가 결론의 참이나 거짓에 영향을 끼친

다는 의미다. 앞의 논증에서 아이가 셋이나 된다거나 생활비가 떨어진 지 3개월이 되었다는 전제는 결론인 '나는 이 회사에 취직할 수 있다'를 참이 되게 하거나 거짓으로 만드는 데 아무런 영향을 끼치지 못한다. 가난하다고 해서 무엇이든 할 수 있는 것은 아니기 때문이다. 의지는 가상하지만 현실적으로 가난이 능력을 만들어주지는 않는다. 'f=ma'라는 물리학 공식이 있다. 힘은 질량과 가속도의 곱이라는 뜻으로, 힘에 영향을 끼치는 것은 질량과 가속도라는 사실을 말해준다. 따라서 질량과 가속도가 아닌 다른 요소는 힘과 무관하다. 물리학의 공식은 우리에게 관련성을 명료하게 보여준다. 하지만 과학이 아닌 일상생활에서 관련성을 판단하는 것은 쉬운 일이 아니다. 쉬운 일이라면 벌써 공식이 나왔을 것이다.

관련이 있어 보이는 전제가 사실은 결론과 관련이 없을 수도 있으며 관련이 없어 보이는 전제가 관련이 있는 경우도 있다. 대학의 등록금 인상이 학생의 자율권 침해와 관련이 있는지, 주 5일 근무가 근로자의 삶의 질 향상에 도움이 되는 것인지 등 관련성의 여부를 따지기에는 곤란한 것도 많이 있다. 그렇다고 해서 포기할 필요는 없다. 우리의 지식 체계 안에서 따져보면 되는 것이다. 새로운 증거나 새로운 지식이 등장하기 전까지는 기존의 지식에 의존해서 관련성을 따지면 된다.

그런데 관련성은 충분한 근거와 달리 전제 낱낱의 문제이다. 즉 전제 하나하나씩 따져서 결론의 참이나 거짓의 결정에 영향을 미치면 관련이 있는 것이며, 영향을 미치지 못한다면 관련이 없는 것이다.

여기에서 신문의 사설을 예로 들어 관련성이 무엇인지 알아보기로 하자. 우선은 사설을 논증으로 재구성하여 전제와 결론을 구별한 후에 관련성을 논해야 할 것이다. 그런데 논증으로 재구성하는 방법은 다음 장에서 다루어

가령 야구에서 홈런을 치고자 하면 힘이 있어야 한다. 보통 마르고 작은 사람보다는 몸무게가 나가고 덩치가 큰 사람이 홈런을 잘 친다. 그런데 힘은 물리학 공식에 따르면 'f = ma'이다. 즉 힘은 질량과 가속도의 곱이다. 같은 속도라면 더 무거운 질량으로 칠 때 더 큰 힘이 나올 것이며 같은 무게라면 가속도가 빠를수록 더 큰 힘이 나올 것이다.

잠깐 귀신 이야기를 해보자. 귀신은 우리와 관련이 있는가? 이 질문에 답하려면 귀신이 우리에게 실제로 영향을 끼치는지를 보면 된다. 즉 귀신이 우리를 해치려고 할 때 실제로 피해를 입는다면 귀신은 우리와 관련이 있다. 그런데 문제는 정말 귀신이 있느냐이다. 내가 그걸 알면 논리학 책 쓰겠는가! 귀신 책 써서 팔자 고치지.

진다. 여기에서는 관련성만을 주목하여 읽으면 충분할 것이다.

이 사설의 결론은 대우 경영인에게 26조원의 책임을 묻지 말자는 것인데, 그렇다면 그 전제는 무엇인가? 전제를 찾아보자.

대우 경영인에게 26조 원의 책임을?

법원이 '대우 그룹 비리' 사건으로 기소된 전·현직 임원들에게 무려 26조 4천억 원의 추징금 부과를 선고한 것은 상징적인 의미는 있겠지만 현실적으로 과연 집행 가능성이 있겠느냐는 의문을 떠올리게 한다. 피고인들의 개인 재산으로 추징금을 감당할 수 없는 것은 분명하며, 추징금을 납부하지 못하더라도 노역장 유치를 비롯한 다른 강제 수단이 없기 때문이다.

이번 판결을 통해 법원이 기업들의 부도덕한 관행에 대해 철퇴를 가하려 한 의도는 충분히 납득이 간다. 재판부는 판결문을 통해 "대우 사태는 부도덕한 기업주나 경영진들이 관행이라는 명목하에 지속적, 조직적으로 자행한 범죄 행위"라며 "기업의 사회적 책임과 기업 윤리를 도외시한 대규모 경제 범죄에 대해 단호하고 엄정하게 대처해야 한다"고 밝혔다. 재판부는 또 "전문 경영인들은 부도덕한 기업 총수나 대주주의 전횡을 방지하고 소액주주 및 일반 투자자들을 보호할 책임이 있다"고 전문 경영인의 책무를 특별히 강조했다. 재판부의 의중대로라면 이번 판결은 이른바 '황제식 경영'으로 불리는 재벌 총수의 전횡과 독단 체제에 쐐기를 박고 전문 경영인 체제를 뿌리내리게 하는 계기가 될 수도 있다.

그러나 한편으로는 이처럼 '월급쟁이 사장'들에게 대우 부실의 모든 책임을, 그것도 중형의 형사 책임을 묻는다면 앞으로 전문 경영인 체제를 오히려 저해하는 결과를 가져올 수도 있다. 전문 경영인이 총수의 전횡을 견제하기가 사실상 불가능했던 것이 과거 국내 기업들의 현실이었다. 더욱이 이번에 기소된 피고인들은 대우 그룹 몰락의 마지막 순간에 '우연하게' 책임을 져야 하는 자리에 앉아 있었을 뿐이라는 동정론도 있다. 말하자면 대우 그룹이 장기간에 걸쳐 부실화하는 과정에서 이들 못지않게 책임이 있는 많은 사람들은 법의 소추를 피할 수 있었다는 것이다. 이 같은 사정들을 감안하지 않은 채 '원칙대로 처벌'만을 내세울 경우 본의 아니게 애꿎은 '희생양'을 만들어낼 수 있을 것으로 우려된다.

물론 이번 판결은 1심에 불과하며, 앞으로 상소 절차를 거쳐 최종 결론을 지켜봐야 할 것이다. '대우 비리' 재판은 단순히 과거의 잘못에 대해 처벌한다는 차원을 넘어 국내 기업들의 지배 구조 개선과 투명 경영 강화에 큰 계기가 될 수 있는 사건이다. 똑같은 잘못이 되풀이되지 않도록 기업 경영을 둘러싼 제도와 환경을 정비하는 데 지혜를 모으는 것이 중요하다. 정부와 재계는 물론 법원도 기여할 바가 있을 것이다.

〈조선일보〉 2001년 7월 26일

이 사설의 결론은 비교적 분명해 보인다. 대우 경영인에게 26조 원의 책임을 묻는 것은 적절하지 않다는 것이다. 제목이 이미 결론을 암시하고 있다. '?'가 책임을 묻는 것은 온당한 일이 아니라는 것을 말해주고 있다. 그럼 이 사설은 어떤 근거에서 대우 경영인에게 거액의 책임을 묻는 것이 바람직하지 않다고 말하는가? 즉 전제가 무엇인가? 전제를 찾아 논증으로 구성해보면 다음과 같다.

전제 1. 대우의 전·현직 임원에게 26조 4천억 원의 추징금 부과가 선고되었는데 현실적으로 집행 가능성이 없어 보인다.

2. 피고인들의 개인 재산으로 추징금을 감당할 수 없을 것은 분명하며, 추징금을 납부하지 못하더라도 노역장 유치를 비롯한 다른 강제 수단이 없기 때문이다.

3. 실질적인 권한을 갖지 못했던 전문 경영인에게 부실의 모든 책임을 묻는다면 앞으로 전문 경영인 체제를 오히려 저해하는 결과를 가져올 수도 있다.

4. 전문 경영인이 총수의 전횡을 견제하기가 사실상 불가능했던 것

무리한 기업 확장과 저가 판매, 괴도한 투자 등으로 자본 잠식 상태였음에도 불구하고 흑자가 난 것처럼 회계 장부를 조작한 혐의로 대우 그룹 김우중 전 회장의 분식 회계 장부를 작성한 회계사 등이 검찰에 기소, 공식 수배에 들어갔다. 그러나 도피 중인 김우중 전 대우 그룹 회장의 신병 확보가 어려울 것 같아 일단 기소 중지 조치를 취한 뒤 신병 확보 시 수사를 재개키로 했다. "세상은 넓고 숨을 데는 많다."

추징금이란 형법상 몰수해야
할 부분을 몰수할 수 없을 때,
몰수할 수 없는 부분을 금액으
로 환산해서 징수하는 것을 말
한다. 그런데 26조원이라는 천
문학적인 추징금을 개인에게
추징한 것은 이 사건이 처음이
며, 이 금액은 우리나라 예산의
25퍼센트에 해당한다고 한다.

이 과거 국내 기업의 현실이었다.

5. 대우 부실의 책임은 장기간에 걸친 것인데 대우 그룹의 마지막 임원들에게만 책임을 묻는 것은 애꿎은 '희생양'을 만들어낼 수 있다.

6. 더욱이 이번에 기소된 피고인들은 대우 그룹 몰락의 마지막 순간에 '우연하게' 책임을 져야 하는 자리에 앉아 있었을 뿐이라는 동정론도 있다.

결론 7. 대우 경영인에게 26조 4천억 원의 추징금을 부과하는 것은 적절하지 않다.

주어진 사설이 논증으로 재구성되었다. 전제는 결론과 관련이 있는가? 관련성을 알기 위해서는 전제의 참 또는 거짓이 결론의 참 또는 거짓에 영향을 끼치는지를 살펴보면 된다. 전제 1을 보자. 추징금 징수가 현실성이 없다면 선고의 가치에 영향을 줄 것으로 보인다. 따라서 관련성이 있다. 전제 2도 전제 1과 같은 문제이므로 관련성이 있다. 전제 3은 어떤가? 실질적 권한이 없는 전문 경영인에게 거액의 추징금이 부과된다면 전문 경영인 제도가 위축될 가능성이 있으므로 결론과 관련성이 있어 보인다. 전제 4도 전제 3과 마찬가지이다. 전제 5의 경우, 희생양이 되는 것이 참이라면 법원의 선고는 부당할 수 있으므로 관련성이 있다. 전제 6의 경우도 동정론은 판결의 적절함과 관련이 있다. 따라서 전제는 모두 결론과 관련이 있다. 생각보다 따질 것이 많다고 여길 수 있으나 하나하나 따져보는 재미도 있을 것이다. 위의 사설은 전제가 모두 결론과 관련이 있으나 그렇지 않은 경우도 많다.

어떤 전제의 참 혹은 거짓이 결론에 영향을 끼친다면 그 전제는 결론과 관련이 있고 그렇지 않다면 무관한 것이다. 관련성은 좋은 논증 조건의 하나임에 틀림없지만 이것만으로는 부족하다. 전제는 결론과 관련도 있어야 하지만 전제가 참이어야 한다는 평범한 사실도 충족시켜야 하기 때문이다. 관련이 있어도 전제가 거짓이라면 결론을 받아들이기 어렵다. 그럼 전제의 참이라는 조건은 무엇인가?

(2) 전제의 참

좋은 논증의 전제가 참이어야 한다는 것은 너무나 당연한 얘기 같다. 거짓인 전제에서 결론을 이끌어내서는 안 되기 때문이다. 아무리 관련이 있는 전제라 할지라도 전제가 참이 아니라면 그 전제에 바탕을 둔 결론은 무너질 수밖에 없다. 전제의 참은 보통 사실을 확인하는 문제로 취급되는데 그것은 일상생활에서는 사실이냐 아니냐가 중요하기 때문일 것이다. 국회의원 선거 때만 되면 학력 조작 문제가 불거져 나온다. 자료에 기재된 후보자의 학력이 거짓임이 밝혀지면 거짓말을 하는 후보자는 국회의원이 될 자격이 없다는 결론에 이르게 되어 표를 잃게 된다. 다시 말해서 나는 이러이러한 조건을 갖추고 있으니 국회의원이 될 자격이 있다는 논증에서 전제에 해당하는 조건 가운데 하나가 거짓으로 드러남으로써 결론의 신뢰도가 추락하게 되는 것이다.

신문 기자들이 추적하는 것이 바로 전제의 참에 해당된다. 2001년 봄에 있었던 장관 사퇴 파동을 보자. 장관이 계속 자신의 일정에 문제가 없음을 주장했지만 결국 사실이 밝혀짐으로써 장관은 사퇴하게 되었다. 논증으로 구성하면 다음과 같이 될 것이다.

전제 1. 변호사가 골프를 마친 시간은 4시였다.

2. 변호사 사무실로 돌아와서 취임사를 작성했다.

3. 따라서 취임사는 변호사가 작성한 것이다.

결론 4. 장관은 취임사 작성과 관련이 없다.

이 논증은 장관의 도덕성을 옹호하기 위한 것인데 전제 1 즉 '골프를 마친 시간은 4시였다'가 거짓으로 판명된다면 논증이 무너질 수 있다. 상식을 벗어난 장관의 취임사가 문제가 되자 장관이 직접 썼는지 변호사가 쓴 것인지가 쟁점이 되었다. 장관과 변호사 모두 변호사가 취임사를 썼다고 주장했으나 변호사가 골프장을 떠난 시간이 골프장 담당자에 의해 1시 30분으로 확인됨으로써 전제 1이 거짓으로 판명되었다. 이렇게 전제 중 하나가——물론 관련이 있는 전제이다——참이 아닌 것으로 밝혀지면 논증은 신뢰를 잃게 된다.

이런 사태를 막으려면 모든 전제가 참이어야 한다. 논증이 신뢰를 잃고 무너지지 않으려면, 즉 좋은 논증이 되려면 전제들이 모두 참이어야 한다. 하지만 전제의 참을 판단하는 것은 생각만큼 쉽지가 않다. 명제에는 사실 판단 명제와 가치 판단 명제 두 가지가 있는데,

사실 판단 명제는 위의 예에서 보듯이 추적해서 밝혀낼 수 있는 것이다. 하지만 가치 판단 명제는 가치관과 연관되어 있기 때문에 참 거짓을 판단하기 어렵다. 예를 들어 '우리나라는 살기 좋은 나라이다' 라는 명제는 참인가? '살기 좋은' 이라는 말은 무엇을 뜻하는가? 이렇게 진행되면 난처해질 수밖에 없다. 이런 명제는 분명 '변호사가 골프를 마친 시간은 4시였다' 와는 성격이 다르다. 그러므로 우리는 전제의 참이라는 강한 개념에서 어느 정도 후퇴해야만 할 것 같다. 그리고 사실 우리가 사용하는 논증은 대부분 간단히 참이라고 말하기 어려운 전제로 구성되어 있다. 예를 들어보자.

우리나라는 살기 좋은 나라다? 개인적으로는 별로 그렇다고 생각하지 않는다. 평범한 소시민이 살아가는 데 필요한 모든 것을 스스로 알아서 해결해야 하는 이 나라가 살기에 좋다고 말할 수는 없다. 그렇다고 외국에 나가 살기에는 나는 너무 한국 문화에 젖어버렸다. 이러지도 저러지도 못하겠구나. 열심히 책이나 쓰자.

전제 1. 운동은 건강에 이롭다.

  2. 미국의 저명한 박사의 보고에 따르면 아침 운동보다 저녁 운동이 건강에 더 좋다고 한다.

결론 3. 건강을 위해서 저녁에 운동을 하자.

여기서 전제 2는 참인가? 전문가가 아닌 나로서는 알 길이 없다. 나는 '미국의 저명한 박사의 보고에 따르면' 이라는 말에 주목해서 전문가의 견해이므로 참이라고 믿기로 한다. 하지만 전문가의 견해가 틀린 적이 어디 한두

거기 서!

운동은 밤에 하는 게 좋다고 하더라구요...

철썩

괜히 따라오는 멍멍이

주로 빈 총집만 하고 다닌다.

과학이론은 일종의 가설로 본질적으로 임시적이다. 즉 더 경제적이거나 증거에 부합하는 가설이 등장하면 이전의 가설은 폐기되거나 교육적 목적으로 사용된다. 과학이론은 결국 우리의 경험을 설명해주는 것을 목적으로 삼는데 우리는 평상시에는 천동설을, 그러니까 해가 동쪽에서 떠서 서쪽으로 진다고 하고, 우주선의 궤도를 계산할 때에는 지동설을 택한다. 즉 어떤 관점에서 기술하느냐의 차이이다.

번인가. 만약 이 분야의 다른 전문가가 '아침 운동이 저녁 운동보다 더 건강에 좋다'고 발표한다면 어떻게 해야 하나?

이런 난점을 완화하기 위해 '전제의 참'이라는 개념보다는 '전제의 수용 가능성'이란 말을 쓰는 것이 더 적합할 것이다. 즉 상식이나 개인이 경험한 증거, 더 연구하면 옹호될 수 있는 주장이나 권위 있는 보고서 등이 수용 가능한 전제가 된다. '일단 참이라고 하고 논의를 진행합시다' 같은 경우가 전제의 수용 가능성을 말하는 것이다. 어떤 사람이 '1 더하기 1은 3이다'라고 주장하면서 일단 참이라고 하고 논의를 진행하자고 할 수는 없다. 일단 참이라고 수용하려면 앞에 열거한 상식, 경험적 증거 등에 속하는 것이 보통일 것이다. 명료하게 참으로 판명되는 전제는 매우 적다는 것을 염두에 둔다면 논증을 평가할 때 서로가 좀더 너그러워질 수 있을 것이다.

무엇이 참인가 즉 무엇이 진리인가 하는 문제는 철학에서는 결코 간단한 문제가 아니다. 예전에는 천동설이 참이었지만 근대 이후에는 지동설이 참이었고 지금은 둘 다 참으로, 문제는 어느 것이 더 경제적이냐에 있다. 즉 우리의 지식 체계는 가변적이며 거기에 불변하는 진리는 없다고 할 수 있다. 사정이 이렇다고 해서 논증을 제시할 때 전제의 참이나 수용 가능성을 부정하는 것은 아니다. 우리는 진지하게 전제가 참이거나 수용 가능하다고 믿는다. 즉 전제가 실제로 참이라고 믿는다. 하지만 믿는 모든 것이 참이 되는 것은 아니므로 우리의 논의 세계에서 그리고 우리의 지식 체계 안에서 참과 거짓을 따져보는 것이다. 명백한 거짓도 있고 판단하기 어려운 전제도 있을 것이다. 어려운 철학적 문제를 뒤로하고 우리의 지식 체계 안에서 하나씩 따져보면 의외로 참인 전제가 적다는 것을 알 수 있다. 앞에서도 잠깐 살펴보았지만 논증의 전제 중에 '우리나라는 살기 좋은 나라이다' 라는 명제가 있다고 하자. 이 명제는 참인가? 아니면 수용 가능한가? 논의가 분분하여 합의에 이르기가 매우 어려울 것이다. 그럼 더 이상 논의를 진행할 수 없는 것인가? 그렇지는 않다. 논증을 제시하는 사람이 참이라고 믿고 상대방은 참이라고 믿지는 않지만 수용할 수 있다면 다음 단계로 넘어갈 수 있을 것이다.

여기에서 전제의 참을 칼럼을 통해 알아보기로 하자. 앞서 말한 대로 논증의 재구성은 다음 장에 나오므로 전제의 참이 무엇인지에 관심을 가지면 충분할 것이다.

나 지금 떨고 있니?

정신과 의사 이시형 박사와 점심을 함께 했다. 그는 지난 1년간 매주 중앙일보 오피니언난에 '이시형의 세상바꿔보기'를 집필했다. 자녀 교육에서 애국심 키우기까지 평이한 문체로 올바른 삶의 가치를 역설해 독자들의 큰 반응을 얻었던 그는 이렇게 말했다. "큰 신문에 매주 연재를 하니 힘들기도 했지만 보람도 있었다. 도올 김용옥이 TV 방송 중 돌연 중단 선언을 하면서 자신이 '문화권력화'되는 것이 두렵다고 한 그 말의 뜻을 이제 알 듯하다"고. 그의 칼럼이 나가는 날 고위 관료에

미국 출판계에서 가장 영향력 있는 인물은 누구일까? 놀랍게도 토크쇼의 여왕 오프라 윈프리Oprah Winfrey이다. 하루 1,400만 명의 미국인이 〈오프라 윈프리 쇼〉를 시청한다고 한다. 이 프로그램은 매달 시청자를 위해 책을 선정하는데 여기에 선정되기만 하면 베스트셀러가 보장된다고 한다. 우리나라에서도 유승준이 이 책을 들고 텔레비전에 출연하여 요즘 이 책을 읽고 있다고 말하면 당장 베스트셀러가 될 것이다.

서부터 낯모르는 사람에 이르기까지 뜨거운 성원을 보낼 때면 저절로 어깨가 으쓱 올라가 자신이 대단한 존재인 양 권력화되는 느낌이 들었다는 것이다. 연재를 더 계속하면 스스로 오만과 독선에 빠질 위험마저 느꼈다고 했다.

10년이 넘게 직업적으로 칼럼을 쓰는 나 같은 사람에게 그의 말은 위협에 가까운 충고로 들렸다. 되지도 않는 논리로, 정교하지 못한 주장으로 독자를 현혹시킨 적은 없는지, 오만과 독선으로 남을 비판해 누군가를 위험과 곤경에 빠뜨린 적은 없는지, 나 자신 뭔가 대단한 위치에 있는 양 착각하고 으스댄 적은 없는지, 되돌아보고 반성하는 기회가 됐다.

그렇다. 언론은 언어의 화살이고 칼이다. 칭찬보다는 잘못을 헤집는 칼이고, 찬양보다는 비판의 과녁을 향하는 화살이다. 잘 쓰면 명검이고 못 쓰면 흉기다. 잘 쓰면 권력의 폭주를 막는 데 기여하고 잘못하면 권력의 폭력화에 기생하는 또 하나의 문화 폭력으로 자랄 수 있다. 또 그런 사례가 우리 언론사에 부끄러운 과거로 남아 있다. 지금 언론 개혁이라는 소리에 많은 사람들이 동조하는 데는 바로 언론의 권력화, 폭력화에 대한 시정과 개선을 요구하는 뜻이 담겨 있다고 본다. 잘못 쏜 화살에 애꿎은 사람이 희생된 적은 없는지, 나 자신 문화 폭력으로 기생한 적이 없는지 두고두고 반성하며 살아갈 일이다.

우리에게 있어 정치 권력은 모든 권위와 부와 영광을 함께하는 최상위의 권력이다. 언젠가는 조국 근대화라는 깃발로 언어의 자유와 표현의 방식을 압제했다. 언젠가는 정의사회 구현이라는 이름으로, 또 언제는 문민정치라는 이름으로, 지금와선 개혁이라는 이름으로 언어와 표현의 양식을 재단하고 차단하고 있다. 언론이 스스로 폭력화되는 것을 언론인 스스로 감지하지 못하듯, 권력가 또한 자신들의 현란한 구호에 도취돼 권력의 폭력화 또는 파시즘화되는 사실을 망각하거나 외면하고 있다.

한 신문사의 사주 부인이 비명에 돌아가셨다. 오랜 전통과 명성, 권력의 폭력화에 항거했던 민주 언론의 표상이었던 그 신문사에 대한 존경이 없다 한들 한 사람의 불행한 뜻밖의 죽음은 애통스럽고 안타까운 일이다. 비보가 전해진 날 정권의 고위 인사는 즉각 "오래 전부터 신경쇠약증에 걸렸던 것으로 알고 있다"는 언급을 했다. 신경쇠약 탓이지 권력과는 아무런 관계가 없음을 은연중 알리는 말이다. 또

신기하게도 정의사회 구현을 외치는 사회에는 정의가 없고 검찰의 독립을 외치는 사회에는 검찰의 독립이 없다. '빈대떡'에 '빈대'가 없는 것과 같은 이치인가? 나는 구호가 없는 사회에서 살고 싶다. 모두 잘 살고 있어서 '잘 살아보세'라는 구호가 필요 없기를 바라는 마음이다.

국세청은 세무조사를 위해 주변의 친인척을 조사한 적은 있지만 고인 본인을 소환한 적은 없다고 했다. 세무조사와 죽음 간의 상관 관계를 차단키 위한 발뺌처럼 들리는 것은 나 혼자만의 생각인가. 왜 권력은 한 사람의 슬픈 죽음에 대해 이렇듯 변명과 발뺌을 해야 하는가. 권력가는 권력 자체의 위력과 폭력의 무게를 알지 못할 것이다. 무심코 호숫가에 던진 돌멩이에 애꿎은 개구리가 죽을 수 있다는 사실을 외면하거나 모른 척하는 것이다. 아내와 어머니를 잃은 가족들에게 평생 씻지 못할 한을 남기는 권력의 언어, 권력의 폭력을 삼가고 삼갈 일이지만 권력은 이 사실 자체를 모르는 듯하다.

권부의 핵심 인사가 며칠 전 또 이런 말을 공식석상에서 했다. "신문이 한나라당 국가혁신위 멤버들을 진으로 동원하는 것은 언론의 중립성을 해치는 것"이라고. 이 한마디가 전해지자 세무조사 정국 한복판에 서 있는 신문사와 지식 사회는 아연 긴장했다. 한 필자는 내게 전화를 걸어 자신은 국가혁신위 참여 제의를 받은 적도, 의사도 없는데 참여 인사로 찍혀 있다고 하소연했다. 내 스스로 뭔가 켕겨 중앙일보 시평 필진에 참여 여부를 확인해보기도 했다. 12명 필자 중 단 한 사람의 참여 사실을 확인했을 뿐이다. 또 설령 무슨 위원회에 참여했다 한들 '언론이 만개한' 이 개명천지에 그게 무슨 죄가 되나. 권력에 비판적인 글을 쓰는 지식인이 죄인이 되는 듯한 이 어둡고 긴 터널의 한복판에서 권력이 던진 한마디 말에 "나 지금 떨고 있니?"를 되묻는 이 지적 풍토에서 벗어날 날은 언제인가.

〈중앙일보〉 2001년 7월 20일

1880년경 미국에서 시작된 칼럼은, 신문 지면에 난을 만들어 특별 기사나 상시 특약기사, 그리고 주요 필진이 일정 기간 동안 연재하는 단평란 등의 형태로 게재된다. 여러 명의 논설위원으로 구성되어 신문사의 공식 입장을 표명하는 사설과는 달리, 칼럼은 한 사람의 집 자가 자신의 주장을 피력하기 때문에 읽는 이들이 느끼는 공감도가 높아 여론 형성에 큰 힘이 되기도 한다.

이 칼럼의 결론을 찾아보자. 정치 권력이 폭력화 또는 파시즘화되어서는 안 된다는 것이 결론으로 보인다. 소제목에도 '막아야 할 권력의 폭력화'라는 말이 나온다. 정치 권력이 폭력화하여 언론의 자유를 위협하고 있으니 정치 권력의 폭력화를 막아야 한다는 얘기를 하고 있다. 그럼 어떤 근거에서 이런 주장을 하는가? 몇 가지 전제가 있어 보인다. 논증으로 재구성해보자.

전제 1. 언론은 언어의 화살이고 칼이다.

2. 언론의 칼과 화살은 잘 쓰면 권력의 폭주를 막는 데 기여하고 잘 못하면 권력의 폭력화에 기생하는 또 하나의 문화 권력으로 자랄 수 있다.

3. 언론 개혁에는 언론의 권력화, 폭력화에 대한 시정과 개선을 요구하는 뜻이 담겨 있다.

4. 개혁이란 이름으로 언어와 표현 양식을 재단하고 있다.

5. 권력가는 자신들의 현란한 구호에 도취돼 권력이 폭력화 또는 파시즘화되는 사실을 망각하거나 외면하고 있다.

6. 권력의 폭력화는 한 신문사 사주 부인의 사망이나 신문 기고 필진에 대한 공격에서 알 수 있다.

결론 7. 정치 권력은 폭력화 또는 파시즘화되어서는 안 된다.

파시즘이란 1919년 이탈리아의 무솔리니가 주장하여 조직한 반공적이고 국수주의적인 정치주의 운동이다. 이 이데올로기는 대체로 배타적 인종주의의 경향을 띠며, 제국주의, 엘리트에 의한 정치, 반합리주의 등을 주장한다. 파시즘에 관련된 책은 여러 권이 있는데, 그중에서도 《우리 안의 파시즘》(2000, 삼인)이라는 책은 꼭 읽어보기 바란다.

전제 1, 2, 3은 결론과 무관해 보이므로 나머지 전제들만 따져보기로 하자. 전제 4는 참인가? 또는 정당화될 수 있는가? 즉 '개혁이란 이름으로 언어와 표현 양식을 재단하고 있다' 는 참인가? 다시 말해서 언론 탄압이 사실인가? 이에 대해 필자는 전제 6을 근거로 제시하고 있다. 즉 한 신문사 사주 부인의 사망에 대해 정부는 발뺌을 하고 있으며 신문 기고자까지 야당 편이라고 공격하고 있다는 것이다. 이 칼럼의 다른 곳에서 전제 4를 정당화할 수 있는 더 이상의 근거는 없는 것 같다. 그렇다면 이 두 사례는 언론 탄압을 정당화할 수 있을 정도로 충분한가? 충분해 보이지는 않는다. 왜냐하면 결정적인 근거가 제시되지 않고 있기 때문이다. 신문사 사주 부인의 사망이 언론 탄압과 연관이 있다는 결정적 증거는 제시되지 않는다. 신문 기고 문제는 그 나름대로 근거가 될 수 있다. 즉 필자의 말대로 "설령 무슨 위원회에 참여했다 한들 '언론이 만개한' 이 개명천지에 그게 무슨 죄가 되나." 이것은 분명히 언론이 탄압받고 있다는 증거가 될 것이다. 하지만 이것만으로는 부족하다. 언론 탄압이 사실임을 증명하기 위해서는 더 많은 자료가 필요하다. 그럼 전제 5 '권력가는 자신들의 현란한 구호에 도취돼 권력이 폭력화 또는 파시즘화되는 사실을 망각하거나 외면하고 있다'는 참인가? 이에 대한 근거가 전제 6인 듯한데 전제 6은 권력이 폭력화하고 있다는 증거로는 부족하다. 왜냐하면 언론이 탄압받고 있다면 그것은 권력이 폭력화한 결과일 텐데 결과인 언론 탄압이 정당화되지 않고 있기 때문이다. 다시 말해서 언론 탄압의 증거가 되기에 부족한 신문사 사주 부인의 사망과 신문 기고자에 대한 비난이 권력의 폭력화를 보여주는 증거가 되지는 못한다. 결론적으로 전제의 참이나 정당화 정도는 미흡하다. 전제 4를 정당화해야 하는데 그 근거가 되는 전제 6은 정당화의 근거로는 부족하다. 조금 어려워 보인다. 전제를 하나씩 따져보면 만만한 것이 하나도 없다. 특히 논란이 되는 문제에 대해 자신의 입장을 개진할 경우 전제의 참이나 정당성을 논하는 것은 쉬운 일이 아니다. 어려웠다면 이쯤에서 조금 쉬어가는 것도 좋을 것이다.

앞에서 좋은 논증의 조건 중 관련성과 전제의 참을 살펴보았다. 하지만 전제가 결론과 관련이 있고 전제가 참이거나 수용 가능하다고 해서 좋은 논증이 되는 것은 아니다. 전제가 결론을 입증할 만큼 충분한 근거를 제공해야만 한다. 그럼 충분한 근거는 무엇을 말하는가?

앞서 좋은 논증의 조건 가운데 관련성과 전제의 참에 대해 살펴보았다. 쉽게 이해되지 않았다 해도 다음 장을 읽으면서 보충할 수 있으니 안심하기 바란다. 자, 그럼 좋은 논증의 세 번째 조건인 충분한 근거에 대해 알아보자.

(3) 충분한 근거

텔레비전 드라마를 보다 보면 결혼을 약속한 남자가 여자의 집을 방문하여 여자의 부모에게 딸을 달라고 사정하는 장면이 자주 나온다. 사실 왜 딸을 '달라고' 하는지 이해가 가지 않지만 이런 장면에서는 흔히 여자의 부모가 남자에게 맹공을 퍼붓는다. "자네 어떻게 내 딸을 먹여 살릴 것인가."라고 묻기가 일쑤인데, 남자는 여러 가지 이유를 들어 자신이 여자를 적어도 고생은 시키지 않을 것임을 입증하려 한다. 이때 남자가 내놓는 것이 일종의 논증인데 전제의 관련성이나 전제의 참을 만족시킬지라도 여자의 부모를 만족시키기에는 부족한 경우가 대부분이다. 딸의 부모는 이렇게 말하곤 한다. "다 좋은데 나이가 많은 게 마음에 걸려." 아니면 "시집간 뒤에 멀리 떨어져 살아야 한다는 게 내키지 않는구먼!" 등. 남자는 있는 힘을 다해도 여전히 여자의 부모를 설득하기에는 충분하지 않다. 이런 경우 문제가 되는 것이 충분한 근거라는 조건이다. '충분한' 이란 말의 애매함 때문에 분명하지 않은 개념처럼 보이지만 실제로 꼭 그런 것만은 아니다.

앞서 보았듯이 전제와 결론이 관련이 있어야 한다는 것은 당연한 것처럼 보인다. 동문서답은 누가 보아도 잘못이다. 하지만 관련성만으로 좋은 논증이 되기는 어렵다. 또 전제가 참이거나 수용 가능하다고 해서 좋은 논증이 되는 것은 아니다. 즉 전제와 결론이 관련이 있어야 할 뿐만 아니라 전제가 참이어야 하고 또한 전제는 결론의 충분한 근거가 되어야 한다. 다시 말해서 우리가 결론을 받아들이는 데 제시된 전제로 충분해야 한다는 것이다. 다음의 논증을 보자.

> 전제 1. 홍역 백신을 맞으면 홍역을 예방할 수 있다.
> 　　 2. 고길동은 홍역 백신을 맞았다.
> 결론 3. 고길동은 홍역에 걸리지 않을 것이다.

홍역은 평생 누구나 한 번쯤 앓는 급성 전염병으로, 한 번 걸리면 평생 면역이 생긴다. 홍역은 홍역 바이러스에 의해 전염되는데, 이 바이러스는 건조한 날씨에 활동이 활발하여 주로 늦은 봄철에 많이 발생한다고 한다. 그런데 철학은 홍역 같다는 말이 있다. 살아 있는 철학자를 통해서만 철학은 전염된다는 것이다.

"요즘 홍역이 유행한다는데 길동이는 괜찮을까?"라고 물었을 때 "응, 괜찮을 거야. 백신을 맞았거든. 백신을 맞으면 홍역에 걸리지 않는다잖아."라고 답했다고 하자. 보통의 경우 묻는 사람은 이런 답에 수긍할 것이다. 즉 '고길동은 홍역에 걸리지 않을 것이다'라는 결론이 참이라고 생각하는 데 전제 1과 전제 2는 충분한 근거가 되는 것이다. 물론 '충분한'이란 말이 정도를 나타내는 말이므로 논의의 여지가 있지만 여기에서는 비교적 분명해 보인다. 즉 백신을 접종하면 홍역에 걸릴 확률이 크게 낮아진다는 것은 이미 잘 알려진 사실이므로 새삼 증명할 필요가 없다. 더욱이 이 논증은 뒤에 나오겠지만 '긍정식'이란 형식을 갖고 있어 연역적으로 타당한 논증이다. 그리고 이 논증에서 전제 1과 전제 2는 모두 결론과 관련이 있다. 즉 홍역 백신이 홍역을 예방할 수 있다는 것과 고길동이 홍역 백신을 맞았다는 것은 고길동이 홍역에 걸리지 않을 것이라는 결론의 참이나 거짓에 영향을 끼친다. 그리고 전제 모두 참일 수 있다. 따라서 이 논증은 형식적으로 타당할 뿐만 아니라 전제와 결론의 관련성에도 이상이 없고 전제도 참으로 생각되

긍정식이란 '전건 긍정식'을 말한다. 타당한 형식의 조건문에서 전건을 긍정하면 후건이 결론으로 도출되는 논증이다. '후건 부정식'도 있는데 역시 타당한 형식의 조건문에서 후건을 부정하면 전건이 부정된다. 이에 대해서는 '5장 | 오류, 제대로 이해하기'에서 자세히 다룰 것이다.

므로 전제는 결론에 충분한 근거를 제공한다고 할 수 있다.

그럼 다음의 경우는 어떠한가?

전제 1. 언론사도 기업에 속한다.

2. 기업은 예외 없이 세무조사를 받는다.

3. 따라서 언론사도 세무조사를 받아야 한다.

4. 세무조사를 통해 투명한 경영을 이룰 수 있다.

5. 투명한 언론사 경영은 언론 개혁으로 이어진다.

결론 6. 언론사 세무조사는 언론 개혁을 위한 것이다.

이 논증은 전제와 결론의 형식을 갖고 있으며 세무조사와 언론 개혁이 무관하다고 말하기도 어렵기 때문에 관련성도 있다고 할 수 있다. 하지만 주어진 전제를 바탕으로 결론을 받아들이려면 망설여진다. 전제 5는 결론을 뒷받침할 만한 충분한 근거가 못 되기 때문이다. 언론사 세무조사가 언론 개혁을 위한 것이라는 결론을 받아들이기 위해서는 '불순한 정치적 의도가 없다', '언론 개혁과 언론사 개혁은 별개의 문제인데 어떻게 언론사 개혁이 언론 개혁이 될 수 있는가' 등에 대한 논변을 제시해야 한다. 다시 말해서 전제 1~5를 모두 합쳐도 결론을 뒷받침하기에는 충분하지 않다. 좋은 논증이 되기 위해서는 충분한 근거를 제시해야 한다.

충분한 근거를 제시한다는 것은 전제의 수가 충분하다기보다 결론의 참을 믿을 만한 '결정적인' 근거나 증거를 제시한다는 뜻이다. 전제의 수가 아무리 많고 전제가 모두 참이라 할지라도 결정적인 근거가 빠져 있다면 충분한 근거가 될 수 없다. 어떤 결론에 결정적인 전제가 무엇인지는 논증에 따라

맹렬하고 거칠게 진행되었던 언론 개혁이 신문과 방송의 질을 높이는 데 공헌했는가에 대해서는 회의적이다. 언론 개혁의 최종 목표가 언론의 수준 향상에 있다면 세무조사와 같은 경영적 측면이 아니라 신문과 방송의 내용을 문제 삼았어야 하지 않았나 생각한다. 경영적 측면에서의 세무조사는 조세 정책의 차원에서 당연히 행해져야 하는 것이다. 왜 그것이 언론 개혁과 연관이 있는지 이해하기 어렵다.

다르고 같은 근거를 두고도 결정적 근거인지 판단하는 의견이 일치하지 않을 수도 있다. 하지만 이런 점들은 우리의 상식과 경험에 의존하면 무난할 것이다. '심증은 있으나 물증이 없다' 는 말이 있다. 이것은 전제가 많으면서 동시에 참이긴 하지만 결정적인 근거가 없어서 결론을 지지하기에는 불충분한 경우에 해당한다. 수뢰 사건에서 결정적 증거는 돈을 주고받은 흔적이 있는 은행 계좌나 돈 심부름을 한 증인이다. 범죄 사건에서 알리바이는 무죄를 증명하는 결정적 증거로 쓰인다.

그런데 위의 논증은 충분한 근거를 제시하지 못하고 있을 뿐만 아니라 핵심이 되는 전제 5의 참도 의심스럽다. 왜냐하면 경영을 투명하게 한다고 해서 제품의 질이 좋아지는 것은 아니기 때문이다. 언론 개혁이란 결국 신문의 질을 향상시키려는 것인데 언론사가 기업이라면 신문은 기업에서 생산하는 제품에 해당된다. 그런데 경영의 투명성과 품질의 상관 관계가 그다지 깊지 않을 수 있다는 것이다. 스웨덴의 볼보 승용차는 세계 최고의 안전성을 자랑했지만 경영의 문제로 인해 매각되었다. 이와 상반되는 삼성의 경우를 보자. 삼성의 경영은 투명한가? 회장이 아들에게 재산을 상속하는 문제 때문에 비난을 받고 있지만 그렇다고 삼성 반도체의 품질이 나빠지는 것은 아니다. 반대로 상속 과정이 투명하다고 해서 반도체의 질이 높아진다는 보장도 없다. 과연 언론사의 투명한 경영이나 족벌 체제 타파가 신문의 질을 높일 것인지는 논쟁의 여지가 많은 문제다. 즉 전제 5의 참이 의심스럽다.

전제의 참은 명제 낱낱의 문제인 데 반해 충분한 근거는 전제 전체의 문제이다. 즉 명제 1은 참인가라고 물을 수 있고 이런 질문이 자연스럽다고 생각할 수 있지만, 명제 1은 결론에 충분한 근거가 되는가라고 묻는 것은 자연스

'투명한 경영, 족벌 체제 타파 → 편집권 독립 → 신문의 질 향상'이라는 주장이 참일 가능성이 있다. 하지만 투명한 경영, 족벌 체제 타파가 편집권 독립의 충분 조건은 아니며, 편집권 독립이 신문의 질 향상의 충분 조건도 아니다. 즉 '→'의 앞쪽이 뒤쪽의 충분 조건이 되지 못한다. 족벌 체제 타파가 되면 편집권이 독립된다는 것은 결혼하면 행복해진다와 같이 전건이 후건의 충분 조건이 되지 못한다.

럽지 못하다. 명제 1이 결정적인 증거일 때에 한해서만 이렇게 물을 수 있다. 일반적으로 전제가 한 덩어리가 되어 결론을 지지하는 근거가 된다. 알리바이는 피의자가 범인이 아니라는 것을 증명하는 결정적이고 충분한 근거가 되지만 보통 피의자가 범인임을 밝히는 것은 많은 증거와 증언들이다. 많은 증거와 증언이 하나의 덩어리로 결론을 지지하는 것이다. 다음 칼럼을 통해 충분한 근거가 무엇인지 살펴보자.

1년 반 임기의 새 정부

국정 쇄신은 이미 대통령의 대국민 약속이 된 것인데 이제 와서 여권 일부에서 하느니 마느니 하는 것은 이 정부의 '신(信)' 문제를 또 한 번 드러내는 것이자 국민을 실망시키는 일이다. 국정 담당자로서는 나라가 태평할 때도 오히려 더 쇄신할 것이 없을까 하는 자세를 늘 가져야 마땅할 텐데 하물며 지금 나라 꼴이 어떤데 때가 아니라느니, 필요 없다느니 하는 말이 나올까.

이젠 국정 쇄신을 하느냐 마느냐가 아니라 쇄신을 어떤 내용으로 얼마나 빨리 하느냐 하는 것이 문제다. 집권 측은 개혁은 중단 없이 한다고 하면서 쇄신은 왜 그렇게 싫어하는지 모르겠다. 개혁과 쇄신이 뭐가 다른가. 국정 쇄신이 기분 나쁘다면 국정 개혁이라고 고쳐 부르기로 하자. 정부는 교사 · 의사 · 약사 · 기업 · 신문……등 남의 쇄신을 추진하는 개혁은 중단 없이 하자는 입장인 반면 정부 스스로의 정책 · 국정 운영 방식 · 인적 구성 등을 개혁하자는 국정 쇄신은 지난해 말 이후 한다 한다 하면서도 계속 미루고만 있다. 남의 쇄신은 중단 없이 하면서 자기 쇄신은 미루기만 해서야 무슨 설득력이 있겠는가. 남의 개혁을 잘하자면 개혁을 추진하는 자신의 능력과 도덕성부터 확보하는 것이 선결 문제다. 요즘 대한민국의 상황을 보고 주변국에서 은근히 웃고 있는 사람들이 많을 것 같다. 원래 우리 내정 문제가 외국 신문이나 미국 의원들의 의제가 되는 것은 기분 나쁜 일이다. 군사정권 때 자주 보던 그런 일이 웬일인지 요즘 다시 빈번하게 등장한다. 언론 문

미국 국무부는 우리나라를 인신매매 문제가 심각한 3등급 국가라고 평했다. 방콕에서 열린 여성 · 아동 인신매매 방지를 위한 세미나에서 참석 국가들은 "인신매매란 착취를 목적으로 폭력과 강요, 사기 등의 수단을 이용해 사람을 모집, 운송, 양도하는 행위로, 이러한 불법적 수단의 성립은 피해자의 동의 여부와는 관계없다."고 정의했다.

제·황장엽 씨 문제로 미국 의원들이 편지를 보내고, 국제 언론 단체·외국 신문들이 한국 문제를 갖고 떠든다. 한국이 뜻밖에도 항공 안전과 여성 인신매매의 후진국이라는 창피한 말이 나오는가 하면, 지난 3년 동안 그렇게 열심히(?) 해온 구조 조정이 50점짜리밖에 안 된다는 외국인의 지적도 듣는다. 노벨평화상을 탄 대통령이 20퍼센트대의 지지율에 머물러 있고, 여야 대립·지역 대립에다 정부와 신문, 신문과 방송이 서로 싸우고 지식인들이 편을 갈라 싸우는 '찢고 발기는' 상황이 계속되고 있다. 한때 국제 사회에서 제법 으스대던 한국을 기억하는 외국인들이 이런 우리의 모습을 보고 어떤 생각을 하고 있을까. 이런 상황에서 우리 지도자의 국제 사회 발언권은 어떻게 될까.

특히 북한 강경파들이 무릎을 치고 회심의 미소를 짓고 있지 않을까 하는 생각이 든다. 그들이 남한의 분열과 민심 이반과 국정 난맥을 보고 "남한을 손쉽게 도모할 수 있다"는 오판이나 확신을 더욱 굳혀 대남 강경책을 밀어붙인다면 남북 관계가 더 막히지 않을까. 남북대화나 햇볕정책을 위해서도 우리 내부의 분열과 혼선을 극복할 국정 쇄신이 절실하다는 생각이 든다. 결국 오늘의 이런 암담한 상황의 흐름을 바꿀 집권 측의 이른 결단이 나와야 한다. 국정 쇄신을 하루 늦추면 하루, 일주일 늦추면 일주일이 손해다. 국민과 정권이 함께 보는 손해다. 당장 집권 측 스스로도 20퍼센트대의 낮은 지지율과 이 숨 막히는 적대·분열 상황을 견딜 만한 것이라고 생각하지는 않을 것이다. 집권 측은 인적 쇄신 요구를 난감하게 생각하는 것 같은데 그 문제도 고정관념을 떠나 생각할 때가 됐다. 지금 많은 요직에는 오랜 기간 DJ를 모셔온 사람, DJ가 잘 아는 사람이 많다. 따라서 그런 인물들의 능력·지혜는 DJ가 이미 알 만큼 알고, 벌써 활용할 만큼 활용했다고 볼 수 있다. 그런 팀으로 3년 일한 결과가 오늘의 이런 난국으로 나타났으면 새 팀, 새 사람을 찾는 것은 당연한 일이다. 이 좁은 테두리의 '우리 편'을 뛰어넘어 더 넓은 범위에서 사람을 찾아야 새 감각·새 발상·새 논리가 정부에 나올 수 있고, 그래야 새 국면·새 흐름도 만들어낼 수 있다. 그런 점에서 이번에는 총리 인선도 더이상 자민련에 맡길 게 아니라 DJ에게 프리핸드를 주는 게 바람직하다.

DJ가 자신의 마지막 총리만은 취임 후 처음으로 자유롭게 자신의 뜻대로 기용해 임기 마무리와 난국 수습을 맡길 수 있게 해주는 것이 필요하다고 본다. 자민련

햇볕정책은 화해와 포용의 자세로 남북 간의 팽팽한 긴장 관계를 완화하고 북한을 개혁과 개방으로 유도하기 위한 현 정부의 대북 정책이다. 햇볕정책이라는 말은 김대중 대통령이 1998년 4월 3일 영국 런던 대학교에서 한 연설에서 처음 사용되었다. 햇볕정책이란 겨울 나그네의 두꺼운 외투를 벗게 하는 것은 강한 바람이 아니라 따뜻한 햇볕이라는 이솝 우화에서 인용한 말이다.

다소 긴 이 칼럼의 결론은 결국 DJ에게 총리 인선을 맡기자는 것이다. 즉 자민련에게 총리를 맡기지 말고 대통령이 자신의 뜻대로 총리를 기용해 국정의 혼란을 수습하자는 것이다.

도 이 점을 양해해야 할 것이다. DJ로서는 가장 야심적인 의중의 인물에게 난국 수습의 큰 책임과 권한을 맡겨 사실상 '1년 반 임기의 새 정부'를 출범시킨다는 각오가 바람직하다. 이처럼 국정 운영의 사람과 시스템을 국가적 차원에서 거시적으로 개편, 쇄신해 국민에게 희망을 주고 북한, 외국까지도 우리를 괄목상대하게 할 기회가 이번이 마지막이 아닌가 한다.

〈중앙일보〉 2001년 7월 24일

아주 산만해 보이는 이 칼럼의 결론을 찾아보자. 결국 DJ에게 총리 인선을 맡기자는 주장을 하려는 것으로 보인다. 즉 자민련에게 총리를 맡기지 말고 대통령이 자신의 뜻대로 총리를 기용해 국정의 혼란을 수습하자는 것이다. 필자는 어떤 이유에서 이런 주장을 하고 있는가? 첫째, 나라가 총체적 위기에 처해 있다. 둘째, 개혁을 하려면 자신부터 해야 한다. 셋째, 자신부터 개혁하는 국정 쇄신을 위해서는 인적 쇄신을 해야 한다. 넷째, 인적 쇄신을 위해서는 새 팀, 새 사람을 찾아야 한다. 다섯째, 총리 인선을 대통령이 자민련에게 맡기지 말고 직접 해야 한다. 이것을 논증으로 구성한 뒤에 충분한 근거를 적용해보자.

이 논증식에서 보면 전제 하나 하나는 참이거나 수용 가능하고 또 결론과도 관련이 있다. 그럼에도 불구하고 충분한 근거를 제시하지 못하고 있다. 결론은 총리를 대통령이 소신껏 임명하도록 하자는 것인데 이것이 과연 국가의 난국을 수습하는 데 얼마나 기여할 수 있을지는 충분히 설명하지 않고 있다. 왜 국가의 위기를 수습하는 해결책이 총리 인선인가?

전제 1. 지금 나라 꼴은 말이 아니다.

2. 개혁은 지체될 수 없고 어떤 내용으로 얼마나 빨리 하느냐가 문제이다.

3. 남을 개혁하기 위해서는 개혁을 추진하는 자신의 능력과 도덕성부터 확보하는 것이 선결 문제이다.

4. 집권 측은 새 팀, 새 사람을 기용하는 인적 쇄신을 해야 한다.

5. 대통령은 가장 야심적인 의중의 인물에게 난국 수습의 큰 책임과 권한을 맡겨 사실상 '1년 반 임기의 새 정부'를 출범시키는 것이 바람직하다.

결론 6. 총리 인선은 대통령이 자유롭게 자신의 뜻대로 하도록 해야 한다.

전제 전체가 결론을 뒷받침할 만큼 충분한 근거가 되는가? 이 칼럼은 충분한 근거의 관점에서 흥미롭다. 왜냐하면 전제 하나하나는 별 이상 없이 참이거나 수용 가능하고 또 결론과도 관련이 있음에도 불구하고 결론에 충분한 근거가 되지 못하고 있기 때문이다. 결론은 총리를 대통령이 소신껏 임명하도록 하자는 것인데 이것이 과연 국가의 난국을 수습하는 데 얼마나 기여할 수 있을지는 충분히 설명하지 않고 있다. 왜 국가의 위기를 수습하는 해결책이 총리 인선인가? 독자는 이 점이 궁금하다. 그 앞의 전제에 대해서는 동의할 수 있다. 즉 국가가 위기 상황이므로 시급하게 개혁을 해야 하며 이를 위해 집권층 내부의 개혁인 국정 쇄신이 선행되어야 한다는 것까지는 별 문제가 없어 보인다. 또 인적 쇄신이 국정 쇄신의 중요한 부분이라는 점까지 동의한다고 해도 그것이 곧 총리 인선이라는 결론에는 동의하기 어렵다. 이 점에 대해 칼럼은 충분한 근거를 제시하여 독자를 납득시키지 못하고 있다. 총리를 언급하기 전까지의 전제들은 결론과 관련이 있다 해도 결정적 근거가 되지는 못한다. 결국 마지막 전제만이 결론의 결정적 근거와 관련이 있는데 유감스럽게도 왜 총리인가에 대해서는 별 언급이 없다. 우리가 알고 싶은 바로 그 점에 대해 칼럼은 침묵한다. 따라서 충분한 근거의 기준에서 보면 이 칼럼은 근거 제시가 매우 빈약한 글이다. 충분한 근거를 따지는 것은 많은 지식을 필요로 하고 또한 지식 간의 연계와 논리를 요하는

지금까지 관련성, 전제의 참, 충분한 근거라는 세 가지 조건을 논했는데, 이 중 가장 중요한 기준은 충분한 근거라 할 수 있다. 왜냐하면 결국 전제는 결론의 참을 입증하기 위한 뒷받침을 목표로 하기 때문이다.

것 같다. 하지만 겁먹을 것은 없다. 우리가 매일 읽는 사설이나 칼럼은 그리 어려운 것이 아니므로.

이제까지 관련성, 전제의 참, 충분한 근거라는 세 가지 조건을 논했는데 이 중 가장 중요한 기준은 충분한 근거가 아닐까 한다. 왜냐하면 결국 전제는 결론의 참을 입증하기 위한 뒷받침을 목표로 하기 때문이다. 즉 전제는 결론을 수용할 만한 근거를 제시해야 하는데 그 전제가 결론과 관련이 없거나 참이 아니라면 전제로서의 자격을 의심받는다. 전제가 결론과 관련이 없다면 어떻게 결론을 지지할 근거가 될 수 있겠는가? 또 전제가 참이 아니거나 수용할 수 없는 것이라면 어떻게 결론을 지지할 근거로 사용될 수 있겠는가? 따라서 충분한 근거가 되기 위해 전제는 관련성도 가져야 하고 참이어야 한다. 하지만 이것만으로는 부족하다. 좋은 논증이 되기 위해서는 예상되는 반박을 미리 잠재워야 한다. 즉 좋은 논증이 되기 위해서는 전제와 결론이 관련이 있어야 하며 전제가 참이어야 하고 또 전제가 결론을 입증할 만한 충분한 근거여야 할 뿐만 아니라 논박을 먼저 제기해서 스스로 해소해야 한다.

(4) 반박 잠재우기

칼럼이나 사설 혹은 보통의 글에서 가장 취약한 면이 바로 반박 잠재우기가 없다는 것이다. 예상 가능한 반론을 필자가 스스로 제기하고 해소하는 장치가 거의 없다는 말이다. 내 생각에는 아예 반박 잠재우기라는 기준을 세우고 있지 않은 것 같다. 다른 조건들은 정리되지는 않았을지라도 머릿속에 담아두고 있는 것 같은데 반박 잠재우기는 그렇지 않아 보인다. 이것은

우리는 너무 자신의 주장만을 내세우려는 경향이 있다. 대화 중에도 상대편이 이의를 제기할 틈을 주지 않는 경향이 있다. 반론에 효과적으로 응답한다면 오히려 자신의 주장이 더 강화된다는 생각을 하지 못하는 것이다. 이런 문화는 흔히 말하는 대로 유교의 폐습인 가부장적 문화와 연관이 있어 보인다. '어디서 말대꾸야' 하는 식의 문화는 반론이란 개념조차 갖지 못하게 만든다. 반론은 대화의 한 과정일 뿐 반대를 위한 것만은 아니다.

우리의 문화 풍토와 관련이 있다. 우리 사회가 비판이나 반박에 익숙하지 않기 때문이다. 나부터도 내 주장만 내세우고 남의 비판은 무시하려는 풍조에 물들어 반박을 해소해야 한다는 의식이 없다. 하지만 반박 잠재우기는 좋은 논증의 중요한 기준 가운데 하나이다.

좋은 논증이 되려면 논증 제시자가 스스로 논증의 결론에 대한 반박을 제기하고 그것을 효과적으로 잠재워야 한다. 즉 예상되는 반박이나 비판을 먼저 제기한 뒤에 그 반박이나 비판을 자신의 주장 안에서 해소하는 것이 좋은 논증을 만드는 중요한 조건이다. 이런 반박 잠재우기를 배우지 않았음에도 불구하고 효과적으로 구사하는 사람들이 바로 앞에서 말한 지하철이나 버스 행상들이다. 행상이 하는 말과 행동을 재구성해보자.

논증의 효능은 가시적인 것이다. 즉 설득력이 있느냐의 여부이다. 논증을 제시하여 상대방을 설득했다면 논증의 효능은 입증된 것이다. 아마도 행상의 경우, 행상의 논증이 설득력이 있는가를 판별하는 가장 좋은 방법은 승객이 돈을 꺼내는가의 여부를 보는 것이다. 꽤 많은 승객이 돈을 꺼내는 것으로 보아 행상의 논증은 탁월한 것 같다.

전제 1. 이 순간접착제는 한번 붙으면 절대 안 떨어진다.

    2. 가격은 단돈 천 원이다.

    3. 시범을 통해 효능을 증명한다(두 조각의 고무에 접착제를 바른 후 딱딱 소리가 나도록 잡아당긴다).

    4. 집에 가서 해보면 안 붙을까 걱정하는 사람들을 위해 애프터서비스를 해주는 전화번호를 즉석에서 불러줌과 동시에 제품에 씌어 있다고 말한다.

결론 5. 이 접착제 하나씩 구입하시오.

이 논증은 매우 효과적이다. 지하철 한 량에서 몇 사람씩은 꼭 물건을 산다. 이 논증의 효능은 물론 눈앞에서 펼쳐진 시범에 기인하는 바가 가장 크다. 하지만 전제 4도 한몫을 한다고 할 수 있다. 고정된 곳에서 장사를 하지

않는 행상에게 우리는 '그런데 안 붙으면 어떡해?' 라는 막연한 불안감을 갖는다. 불량품일 경우 환불받거나 항의할 곳이 없기 때문이다. 제품은 좋지만 이것은 문제가 아닌가. 이런 점을 해소시켜주는 것이 이 행상이 풀어나가는 논증의 장점이다. 사실 그 전화번호가 맞는지 지하철 안에서 휴대 전화로 바로 확인하는 사람을 아직 보지는 못했지만, 어쨌든 그 점이 설득력을 더하는 것은 사실이다.

이처럼 좋은 논증을 만드는 한 가지 중요한 요소가 반박 잠재우기라는 것에 유의할 필요가 있다. 보통 사설이나 칼럼은 지면이 한정되어 있는 이유로 가능한 반박을 제시하지 않고 일방적으로 자신의 주장을 펼친다. 이런 경우 독자는 "이렇게 생각할 수도 있잖아. 웃기는 칼럼이야."라며 무시할 수도 있다. 즉 가능한 반박이 전혀 등장하지 않을 경우 독자는 글 자체를 무시할 수 있다. 그런데 반론을 제시하더라도 약한 것이라면 오히려 제시하지

느니만 못하다. 가령 한국 축구 국가대표팀이 인도네시아나 필리핀 국가대표팀과 대전해서 연전연승한다 해도 어느 누구도 한국 축구를 높이 평가하지는 않을 것이다. 그러나 브라질이나 프랑스와 경기를 해 이긴다면 평가는 달라질 것이다. 가능한 반박도 마찬가지다. 독자도 생각하지 못한 반박다운 반박을 필자가 먼저 제기할 뿐만 아니라 그 반론을 잠재우기까지 한다면 설득력은 훨씬 높아질 것이다.

반박을 잠재워서 좋은 논증을 만들려면 자신이 제시한 논증 가운데 가장 취약한 점을 지적하고 해결책이나 대안을 제시해야 한다. 예를 들어 어떤 사람이 영화를 제작한다고 하자. 제작 발표회를 열어 영화가 성공할 것이라고 열심히 기자들을 설득한다. 그가 내세우는 논증은 다음과 같다.

전제 1. **시나리오가 좋다.**

2. **최고의 감독이 연출한다.**

3. **연기력과 인기를 겸한 배우가 주연을 맡는다.**

결론 4. **이 영화는 성공할 것이다.**

이 논증에 대해 기자들이 제작비를 어떻게 조달할 것인가 하는 문제를 제기할 수 있다. 사실 시나리오, 감독, 배우가 아무리 좋아도 자금력이 없다면 제작하기 어렵기 때문이다. 하지만 이 정도는 누구나 아는 것이어서 제작자가 어떻게 제작비를 마련할 것인지 미리 제시하기 마련이다. 문제는 제작비를 지원하는 사람의 신용이 의심이 가는 경우이다. 이럴 때 제작자가 투자자의 신용를 보여주는 충분한 자료를 미리 제출한다면 영화가 성공할 것이라는 주장의 설득력이 더욱 커질 것이다. 모든 전제에 대해 반론이 나올 수

20세기 최고의 감독은 서스펜스 스릴러의 거장 알프레드 히치콕이라고 한다. 히치콕은 1922년 〈넘버 13〉으로 처음 메가폰을 잡았으며 1980년 사망할 때까지 모두 60여 편의 영화를 만들었다. 특히 〈다이얼 M을 돌려라〉, 〈사이코〉 등은 40여 년이 지난 지금까지도 전 세계 영화 팬들의 사랑을 받고 있다.

있으므로 가장 취약하다고 생각되는 전제를 미리 방어하는 것이 자신의 주장을 관철하는 데 효과적이다.

반박 잠재우기는 우리나라 사설이나 칼럼에는 별로 등장하지 않는다. 다음 칼럼을 보자.

악마의 변론인들

얼마 전 국내 극장가에서 〈데블스 애드버킷〉이라는 미국 영화가 상영된 적이 있다. 굳이 우리말로 번역하자면 '악마의 변론인'쯤 될까.

부와 명예를 꿈꾸는 시골뜨기 변호사가 드디어 뉴욕의 대형 법률회사에 입성한다. 그리고 사장으로부터 세뇌를 당해 정의를 외면한 채 오로지 악의 편에서 변론을 함으로써 '피 묻은 돈'을 긁어모으는 데 성공하지만 그 결과는 죽음이라는 지극히 사필귀정식인 드라마다. 찰나적 환상에 불과한 경제적 성취, 그리고 법이라는 탈을 쓴 변호사들의 윤리적 타락을 통해 미국 사회를 통렬하게 비판한 영화다.

무기와 마약 밀매, 테러 등 파렴치한 범죄를 법의 이름으로 지켜주고 대변해준다고 해서 영화에 그런 제목을 붙인 것 같지만 여기에 쓰인 '데블스 애드버킷'이란 말의 뜻은 이 단어의 본래 의미와는 거리가 멀어도 한참 멀다.

이 용어가 처음 쓰인 것은 15세기 초 교황 레오 10세 때의 일이다. 로마 가톨릭 교회는 성인(聖人)으로 천거된 사람을 대상으로 혹독한 검증 과정을 갖는데 이때 후보자가 살아오면서 저지른 모든 불리한 사례들을 끌어내 제시하는 임무를 맡은 사람이 '데블스 애드버킷'이다. 악의에 찬 시각으로 흡사 후보자의 껍질을 벗긴 후 세포 속에 들어 있는 아주 작은 허물이라도 찾아낼 듯 악마처럼 달라붙는 역할을 한다. 악마가 그에게 할 수 있는 모든 말을 기준으로 해부되고 평가되기 전에는 성인의 반열에 오를 수 없다는 가톨릭의 엄격함이 만들어낸 시스템이다.

요즘 들어 이 말은 '논쟁을 할 때 타당성을 검증하기 위해 때로는 일부러 반대되는 말을 해야 하는 사람'을 칭하기도 한다. 비록 듣기 싫은 소리를 하지만 진실

1997년에 제작된 〈데블스 애드버킷〉의 테일러 핵포드 감독은 아무리 추잡한 범죄일지라도 갖은 지략을 동원해 무죄로 만들어버리는 변호사들이야말로 영혼을 악마에 팔아버린 현대의 사교집단이 아닐까 하는 의문에서 이 영화를 만들었다고 한다. 진짜 악마와 같은 알 파치노의 명연기가 압도적이다.

을 찾아내는 과정에서 그 역할이 필수적이고 긍정적이란 점에서 '악마의 변론인'
은 대중으로부터 환영받는 존재이기도 하다.

19세기 영국의 사상가인 존 스튜어트 밀은 그의 저서 《자유론》에서 언론의 자
유를 바로 이 '악마의 변론인'에 비유했다. '부패하거나 탄압적인 정부에 대한 방
지책으로 언론의 자유를 옹호하는 것이 필수적인 시대가 사라지기를 희망한다'는
말로 시작된 이 책의 제2장, '사상과 언론의 자유'에서 밀은 민주사회라면 서 있는
입장에 따라 심지어 무책임하게 보이기도 하고 거짓으로 여겨지기도 하는 말을
포함해 어떤 주장도 수용되어야 한다는 논지를 폈다. 진실을 추구하는 과정에서
그런 터무니없는 주장조차 '악마의 변론인' 역할을 할 수 있기 때문이라는 이유에
서다. 그런 의미에서 현대사회의 언론이 '악마의 변론인'에 해당한다는 주장은 크
게 잘못된 말이 아닐 듯하다.

문제는 악마의 변론은 듣는 사람의 상태에 따라 반발이나 거부감의 모양과 크기
가 다르다는 점이다. 옹달샘의 수온은 사시사철 거의 변화가 없지만 손을 담그는
시점에 따라 겨울에는 따뜻하게, 여름에는 차갑게 느껴지는 것과 같은 논리다. 대
개의 경우 정권 초창기 '승리의 관용'이 지배하는 분위기에서는 언론의 혹독한 비
판도 '악마의 변론' 정도로 너그럽게 받아들여진다. 그러나 집권 후반기 대중과의
밀월이 끝나고 지지율이 하락할 때쯤이면 '악마의 변론'은 그야말로 정권에 대한
악마의 저주와 조롱으로 여겨질 수 있다.

만일 물의 온도가 철에 따라 달라지는 샘처럼 가치 판단의 기준이 수시로 변하
는 언론이 있다면, 정부와의 갈등에서 그 언론도 비판받아야 한다. 그 같은 언론의
책임을 전제로 말하건대 정부가 언론과 갈등을 빚게 된 사안들에 대해 비판이 잘
못됐다는 확신이 있고, 또 언론을 '악마의 변론인'이라는 긍정적 존재로 여겼다면
좀더 인내를 보였어야 했다. "더 이상 어떻게 참으란 말이냐"고 할 바로 그 시점에
서 성인 후보자와 '악마의 변론인' 간의 관계를 생각했어야 했다는 말이다. 끝까
지 인내해야 그 후보자가 사후의 영예인 성인의 반열에 오를 수 있는 것처럼 정부
가 '악마의 변론'을 참아내야만 정권을 물린 후에도 영예로운 평가를 받게 될 것
이기 때문이다.

만일 이번 갈등의 결과로서 '악마의 변론인'이 사라지거나 혹은 그 역할이 포기

1859년에 출간된 《자유론》은
자유에 대한 사상을 집대성한
고전적 명저로, 19세기 중엽에
자유를 둘러싼 문제에 대해 상
세하게 논한 책이다. 이 책에서
존 스튜어트 밀은 "국가의 가치
는 그 국가를 구성하는 개인의
가치에 있으며 개인을 경시하
는 국가는 존립할 수 없다."고
말한다.

또는 위축된다면 우리 사회는 진실을 검증하는 중요한 수단을 잃게 된다. 비판의 과정이 생략된 정부의 정책은 실책의 가능성이 높아지고 국민을 향한 설득력도 얻기 어렵게 될 것이다.

〈동아일보〉 2001년 7월 14일

약간은 거창해 보이는 제목과 도입부 때문에 상당히 무거워 보이는 이 칼럼은 실제로는 단순하고 명료한 결론을 갖고 있다. 즉 정부가 언론의 자유를 보장해야 한다는 것이다. 다시 말해서 정부가 '악마의 변론'을 참아내야 정권을 물린 후에도 영예로운 평가를 받을 것이라는 것이다. 이런 단순한 결론을 이끌어내기 위해 필자는 15세기 초 교황 레오 10세 때의 '악마의 변론'에서 칼럼을 시작하고 있다. 필자는 어떤 과정을 거쳐 이런 결론에 이르게 되는가? 논증으로 구성해보자.

전제 1. 악마의 변론인이란 논쟁을 할 때 타당성을 검증하기 위해 때로는 일부러 반대되는 말을 해야 하는 사람을 칭한다.

　2. 현대사회에서는 언론이 악마의 변론인 역할을 한다.

　3. 왜냐하면 진실을 추구하는 과정에서 터무니없는 주장조차 악마의 변론인 역할을 할 수 있기 때문이다.

　4. 문제는 악마의 변론을 듣는 사람의 상태에 따라 반발이나 거부감의 모양과 크기가 다르다는 점이다.

　5. 현 정부는 언론의 비판을 참아내지 못하고 있다.

　6. 악마의 변론인이 사라지거나 그 역할이 포기 또는 위축된다면 우리 사회는 진실을 검증하는 중요한 수단을 잃게 된다.

교황 레오 10세는 르네상스 시대에 1513~1521년 동안 로마 교황으로 재위했다. 낭비벽이 심해 교황청의 재정이 바닥나자 사제직을 매매하고 면죄부를 팔아 마르틴 루터의 비난을 받았다. 이 사건이 종교개혁의 시초가 되었다.

7. 우리 사회는 진실을 검증하는 수단을 필요로 한다.

결론 8. 정부는 언론이 악마의 변론인 역할을 하도록 인내해야 한다.

전제와 결론은 관련이 있어야 하고, 전제는 결론의 참을 지지할 만큼 충분한 근거가 되어야 하며, 또 전제 하나하나는 참이거나 적어도 참으로 수용할 수 있어야 한다. 그리고 결론에 대한 반박을 미리 제시하고 해소해야 좋은 논증이라고 할 수 있다.

이 가운데 전제 5와 전제 7은 숨은 전제를 보완한 것이다. 이 칼럼은 결론에 대한 반론을 담고 있는가? 우선 정부가 언론에게 자유를 주지 않고 있는가라는 반박이 가능하다. 즉 언론의 자유가 억압받고 있다면 어떻게 지금과 같은 활발한 정부 비판이 가능한가라고 반박할 수 있다. 이 칼럼은 언론 자유에 대한 구체적인 증거를 제시하지 않았기 때문에 이런 비판에 취약하다. 또 악마의 변론인이 '일부러' 하는 반대와 언론의 비판은 다른 것으로, 정부는 언론의 비판을 인내하지 못하는 것이 아니라 '일부러' 하는 반대 즉 발목잡기를 인내하지 못하는 것이라는 반박이 있을 수 있는데 칼럼은 이 문제에 대해 침묵한다. 가능한 반박을 잠재우기보다 별 효용 없는 '데블스 에드버킷'과 현대 언론의 유비 성립에 너무 많은 지면을 할애한 것이다. 그런데 이와 같이 가능한 반박을 자신의 글에서 먼저 제기하지 않는 일은 흔하게 발생한다.

지금까지 좋은 논증이 되려면 전제와 결론이 어떤 관계여야 하는지 네 가지 조건을 들어 살펴보았다. 즉 전제와 결론은 관련이 있어야 하고 전제는 결론의 참을 지지할 만큼 충분한 근거가 되어야 하며 또 전제 하나하나는 참이거나 적어도 참으로 수용할 수 있어야 하며 결론에 대한 반박을 미리 제시하고 해소해야 좋은 논증이라고 할 수 있다.

이제 논증이 무엇인지, 좋은 논증의 조건은 무엇인지 그리고 논증의 형식인 연역과 귀납에 대해 어느 정도 정리가 되었을 것이다. 하지만 논증이 무엇인지 어렴풋이 알았다고 해도 실제로 남의 글을 분석하고 평가하거나 자

남의 말이나 글의 핵심을 파악
해야 자신의 주장도 논리적으
로 전개할 수 있다. 그러므로
논증으로 재구성하는 것은 반
드시 필요한 단계이다. 그렇다
면 이제 실전에 들어가 보자.

신의 글을 쓰는 데에는 별로 도움이 되지 않는다. 우리가 접하는 글은 논증으로 정리된 형태가 아니기 때문이다. 따라서 논증을 통해 의사소통을 하려면 우선 남의 글이나 말을 논증의 형식으로 재구성할 수 있어야 한다. 남의 말이나 글의 핵심을 파악해야 자신의 주장도 논리적으로 전개할 수 있으므로 논증으로 재구성하는 것은 의사소통에 반드시 필요한 단계이다. 생각보다 어려울 수도 있고 쉬울 수도 있으나 중요한 것은 의사소통에 연습을 해야 한다는 점이다. 연습 없이 기술을 습득할 수는 없지 않은가. 그럼 이제 여기서 실제 작업으로 들어가보자.

4장 | 논증으로 재구성하기

남의 글이나 말의 요점을 파악하여 깔끔하게 정리할 줄 아는 것은 의사소통에 꼭 필요한 능력이다. 남의 글이나 말을 제대로 정리하지 못한다면 남의 논리를 반박하기도 어려울뿐더러 자신의 의견을 효과적으로 제시하기도 어렵기 때문이다. 주장을 하기 전에 남의 말을 잘 들을 줄 알아야 한다. 하지만 마음만으로 되는 일은 아니다. 셈을 해야 한다는 것을 알고 있지만 실제로 셈본을 배우지 못했다면 셈을 할 수 없는 것과 마찬가지로, 배우지 않으면 남의 글이나 말을 제대로 이해하고 정리하기 어렵다. 여기서는 주어진 글을 논증으로 재구성하는 방법을 알려주고자 한다.

우선 기본적인 마음가짐 두 가지가 필요한데 호의적 태도와 숨은 전제 보완이다. 호의적 태도란 최대한 필자에게 유리하게 논증을 재구성하는 것이고, 숨은 전제 보완이란 글에는 명시적으로 나와 있지 않지만 필자의 논지를 분명하게 하기 위해 숨어 있다고 여겨지는 전제를 찾아내어 보완하는 것을 말한다. 비판을 위해 마음대로 논증을 재구성해서는 안 된다. 이와 관련된 몇 가지 오류를 살펴볼 것이다. 이러한 기본자세를 갖춘 뒤에 주어진 사설이나 칼럼을 논증으로 재구성해보자. 몇 차례 연습을 하면서 논증으로 재구성하는 데 필요한 단계와 요령을 배우게 될 것이다. 아주 어려운 작업일까? 아니면 너무 쉬워 실망이라도 하게 될까? 실제로 해보는 것은 언제나 생각과는 다르기 마련이다. 그럼 다음 칼럼을 가지고 시작해보자.

처음에는 그냥 읽고 다음에는 칼럼의 결론이 무엇인지 적어보고 그 다음에는 결론이 어떤 전제에서 나온 것인지 정리해보자. 그럼 논증으로 재구성

호의적 태도란 말꼬리를 잡거나 실수를 부풀리려는 태도가 아니라 상대방이 주장하려는 바를 최대한 존중하려는 태도를 말한다. 우리나라 정당의 대변인들은 호의적 태도와 정반대되는 태도를 보이는 대표적인 인물들이다. 최대한 말꼬리를 잡으려 하고 상대방의 실수에 쾌재를 부른다. 하지만 결과는 여야 인사들 모두의 신뢰 추락과 품위 상실이다.

셈본은 실제로 셈을 하지 않는다면 쓸모가 없다. 속셈 학원에서 배운 셈을 동네 가게에서 실제로 과자를 사는 데 쓰지 않는다면 셈본을 배울 이유가 있겠는가? 연습을 통해서 자기 것이 되면 더 이상 셈본은 필요하지 않을 것이다. 이 책도 셈본의 일종이므로 독자 여러분이 완전히 익히게 되면 자연히 쓸모가 없어질 것이다.

할 수 있을 것이다. 긴장할 것 없다. 단지 기술을 익히기 위해 조금 더 주의 깊게 읽으면 된다.

미·중 갈등

만주족이 통치하는 청나라에 이르러 중국은 또 한 번 대제국의 날개를 펴게 된다. 오늘날의 극동 러시아 지역에서 남부 시베리아를 거쳐 바이칼 호 인근 카자흐스탄까지 힘이 미쳤다. 남쪽으로는 인도양과 라오스, 베트남을 아울렀다. '천자의 제국' 중국은 우주의 중심이었고, 변방과 외부 세계는 야만으로 간주됐다. 18세기 후반 영국 국왕 조지 3세가 사신을 보내 영국산 물품을 선물로 바치면서 교역 관계를 맺고자 했을 때 청나라 6대 황제 건륭제가 보낸 답서는 중국적 우월감의 극치였다.

"황제인 나는 하늘의 뜻에 따라 영국 왕에게 짐의 뜻을 경청할 것을 명하노라. 사해만물을 지배하는 '천자의 나라'는 온갖 진기한 것을 가지고 있어서 귀국에서 생산되는 제조품에 대해 아무런 필요도 느끼지 않는다. 그러므로 짐은 그대의 조공 사절에게 조용히 돌아가기를 명하노라."

미국의 부시 행정부가 두 적성국과 동시에 전쟁을 수행해 모두 승리로 이끈다는 이른바 '윈-윈 전략'을 공식 폐기키로 했다는 소식이다. '2개 전쟁 동시 수행 전략'은 1991년 아버지 부시 대통령이 한반도와 걸프 지역에서 동시에 전쟁이 일어날 경우를 상정해 수립한 전략으로 지난 10년간 미국의 국제 분쟁 대응 전략의 핵심이었다.

'윈-윈 전략'의 폐기는 군사 전략의 중심축을 유럽에서 아시아·태평양 지역으로 옮긴다는 부시 행정부의 구상과 맥이 닿아 있다. 중국을 염두에 둔 포석이다. 중국 황제의 '버릇없는' 우월감이 되살아나고 있다고 믿는 것일까.

부시 행정부 들어 미국은 중국과 사사건건 마찰을 빚고 있다. 정찰기 충돌 사고 협상이 채 끝나기도 전에 미국은 중국 해안에 대한 정찰 비행을 재개했다. 중국의 자존심을 건드려 인내심을 시험하는 꼴이다. 중국과의 전쟁을 현실적 가능성으로 인식해야 한다는 주장까지 나오고 있다. 매를 치켜든 조지 W. 부시 대통령에게 백악관 안보보좌관을 지낸 즈비그뉴 브레진스키 박사의 충고는 우이독경이 되고 말 것인가.

"중국이 다음번 세계 강국이 될 거라는 견해는 중국에 대해 잘못 싹트고 있는 망상으로 중국의 '과대망상'을 오히려 부추길 뿐이다. 중국이 세계 강국이 될 것으로 믿고 중국에 대해 공격적이고 적대적인 태도를 취하는 것은 아무리 좋게 말해도 조급한 것이고, 나쁘게 말하면 자기 충족적 예언이 될 뿐이다."《거대한 체스판》)

〈중앙일보〉 2001년 5월 9일

브레진스키는《거대한 체스판》에서 미국이 당면할 수 있는 최악의 시나리오는 중국과 러시아, 이란이 합세한 '반대편' 세력의 등장이라고 전망한다.

이 글의 결론은 무엇인가? 미국은 중국을 적으로 생각하지 말고 강경책을 철회해야 한다는 것이다. 그 이유는 무엇인가? 미국이 중국을 적으로 여기는 것은 중국이 세계 강국이 될 것이라고 판단하기 때문이다. 미국이 유일한 초강국인 이 시대에 세계 강국이 될 잠재력이 가장 높은 국가가 중국이라는 것이다. 하지만 이 칼럼의 필자가 보기에 이는 잘못된 판단이다. 그 근거로 필자는 브레진스키의 말을 인용하고 있다. 즉 전문가의 견해를 통해 자신의 논거를 정당화하려고 한다. 브레진스키에 따르면 중국이 다음번 세계 강국이 된다는 생각은 '망상'이다. 따라서 중국이 세계 강국이 될 가능성은 별로 없으므로 미국은 지

중국이 세계의 중심이라는 '중화사상'은 기원전 5세기 춘추전국시대부터 진·한나라에 걸쳐 형성된 중국의 민족사상이다. 이 사상은 중국인 이외의 주변 민족을 이적(夷狄)이라 하여 천시하며, 이들을 문화가 없는 야만인으로 여겼다.

금과 같이 중국에 강경하게 나갈 필요가 없다는 것이다. 이를 논증으로 정리해보자.

〈가〉

전제 1. 중국은 전통적으로 자신을 세계의 중심으로 생각해왔다.

　　 2. 하지만 지금 중국이 세계 강국이 될 것이라는 생각은 '망상'이다.

　　 3. 따라서 중국을 잠재적인 적으로 여겨서는 안 된다.

　　 4. 잠재적인 적이 아니라면 지금과 같은 강경책은 잘못된 것이다.

결론 5. 미국은 중국을 적으로 생각하지 말고 중국에 대한 강경책을 철회해야 한다.

단순한 구조를 갖는 이 논증에 살을 붙여 예시된 글에 가깝게 만들면 다음의 논증 〈나〉가 될 것이다.

〈나〉

전제 1. 중국은 전통적으로 자신을 세계의 중심으로 생각해왔다.

　　 2. 전제 1의 증거는 영국에 대한 청나라의 태도이다.

　　 3. 하지만 지금 중국이 세계 강국이 될 것이라는 생각은 '망상'이다.

　　 4. 미국의 외교 전문가 브레진스키는 저서 《거대한 체스판》에서 전제 3을 주장한 바 있다.

　　 5. 따라서 중국을 잠재적인 적으로 여겨서는 안 된다.

　　 6. 잠재적 적이 아니라면 지금과 같은 강경책은 잘못된 것이다.

　　 7. 부시 행정부가 취하고 있는 강경책의 증거는 다음 두 가지다. 미국

은 지금 '윈-윈 전략'을 공식 폐기하고 군사 전략의 중심축을 아시아·태평양 지역으로 옮겼다.

8. 부시 행정부는 중국과 사사건건 마찰을 빚고 있다. 중국 해안에 대한 미국의 정찰 비행 재개가 한 예이다.

결론 9. 미국은 중국을 적으로 생각하지 말고 중국에 대한 강경책을 철회해야 한다.

약간 두서 없는 이 글을 정리해보면 논거의 구조를 파악할 수 있다. 이 칼럼의 특징은 주장의 근거나 증거를 조금 장황하게 말한다는 것이다. 논증 〈나〉의 전제 2와 전제 4는 전체 글의 반 정도를 차지하는 분량이다. 하지만 간략하게 논증으로 재구성하면 논증 〈가〉가 될 것이고 이것으로 글의 논지를 파악하는 데는 아무런 문제가 없다.

논증을 재구성하려면 우선 결론을 찾아야 하고 결론을 찾았다면 그것을 이끌어낸 이유를 찾아야 한다. 이유는 보통 두 개 이상이며, 전제라고 부른다. 이유를 하나씩 따지면 전제의 근거가 나오고 전제 사이에 구조가 있음을 알게 된다. 여기서는 우선 주어진 글을 어떻게 논증으로 재구성하는지를 보았다. 그럼 연습은 잠시 미루고, 주어진 글이나 말을 논증으로 재구성할 때는 어떤 태도를 취해야 하는지 살펴보자. 크게 호의적 해석과 숨은 전제 드러내기 두 가지를 들 수 있다.

칼럼에서 결론은 매우 짧고 간결한 것이 보통이다. 따라서 결론을 뒷받침하는 전제가 글의 대부분을 차지하는 것은 자연스럽다. 문제는 전제가 아닌 도입부가 장황하여 지나치게 지면을 많이 차지하는 경우에 발생한다. 의외로 이런 경우가 많은데, 그것은 논증 개념이 없기 때문이다.

1. 호의적 해석

어떤 글을 논증으로 재구성할 때는 우선 호의적인 태도를 가져야 한다. 할 수 있는 한 글을 쓴 사람에게 유리하게 해석하겠다는 자세를 가져야 논증을 매끄럽게 재구성할 수 있다. 어색한 부분이 있다면 메워주고 적절하지 못한 어휘가 있다면 적절한 어휘로 바꾸어 해석하려는 자세 그리고 최대한 필자의 주장을 강화하는 쪽으로 재구성하는 자세 등이 필요하다. 구체적으로 다음 두 가지 오류를 보자.

남을 공격하려는 마음이 앞서면 상대방의 주장을 확대하거나 왜곡하여 해석한 후 잘못된 해석을 바탕으로 공격하게 된다. 이런 경우 상대방은 보통 자신의 진의가 왜곡되었다고 항의한다. 상대편은 보통 '아니, 왜 남의 말을 멋대로 해석합니까.' 혹은 '그런 뜻이 아니잖아요.' 하는 식의 반응을 보인다.

(1) 의도 확대의 오류 — 공부 안 하면 깡통 찬다

의도 확대의 오류는 말한 사람이나 필자의 의도를 과장, 확대함으로써 논증을 고의적으로 왜곡하는 경우에 생긴다. 남의 글이나 말을 호의적으로 해석하려면 의도 확대의 오류를 범하지 말아야 한다. 이런 오류는 사실 일상생활에서 아주 흔하게 일어난다. 다음과 같은 어머니와 아들의 대화를 들어보자.

> 어머니 : 아니 너 그렇게 공부를 안 하면 어떡하니! 깡통 차려고 공부 안 하는 거야?
>
> 아들 : 설마 제가 깡통 차려고 공부 안 하겠어요. 그냥 공부가 안 돼요.
>
> 어머니 : 깡통 차려고 결심 안 했다면 어떻게 그렇게 놀 수가 있냐, 이놈아.
>
> 아들 : 글쎄, 그게 아니라니까요. 그냥 별 이유 없어요.

이 대화를 어머니의 입장에서 재구성해보자.

공부를 안 하기 때문에 깡통 차려고 결심했다는 어머니의 말은 과장, 확대 해석이다. 이는 호의적인 해석에 어긋난다.

전제 1. 너는 공부를 안 한다.

　　2. 깡통 차려고 결심하지 않았다면 그렇게 공부를 안 할 수가 없다.

결론 3. 너는 깡통 차려고 결심했다.

아들은 자신이 공부하지 않는 이유를 분명히 밝혔다. 별 이유 없이 안 한다는 것이다. 더욱이 아들은 깡통 차려고 공부하지 않는 것은 아니라고 말했다. 하지만 어머니는 아들의 말을 과장, 확대 해석하고 있다. 이는 호의적 해석에서 어긋난다. 예를 하나 더 들어보자.

의사 : 담배를 피우면 폐암에 걸릴 확률이 몇 배 증가합니다.

환자 : 압니다만 습관이 돼서요.

의사 : 아니 담배를 끊지 못하겠다는 겁니까. 폐암에 걸리려고 작정을 했군요.

환자 : 그게 아니라 담배 끊는 게 그렇게 쉽습니까.

이 대화를 의사의 입장에서 논증으로 재구성해보자.

전제 1. 담배를 끊지 않으면 폐암에 걸린다.

2. 당신은 담배를 끊지 않는다.

결론 3. 당신은 폐암에 걸리려고 한다.

의사는 흡연의 위험을 강조하기 위해 흡연이 폐암에 걸릴 확률을 높인다고 말한다. 그리고 금연의 어려움에 대해 얘기하는 환자의 의도를 폐암에 걸리려고 하느냐며 확대 해석하고 있다. 이는 명백히 잘못이다. 하지만 이런 대화는 해가 되지는 않는다. 환자의 경각심을 높이려는 좋은 의도가 숨어 있기 때문이다.

허수아비 공격의 오류 역시 남을 공격하려는 마음이 앞서는 경우에 흔히 발생한다. 신념으로 가득 차 있는 경우 자신의 신념이나 주장을 펴려고 상대방의 논증을 자신의 입맛에 맞게 각색하게 되는데, 이 경우 허수아비를 만들어낼 가능성이 높아진다. 호쾌한 비판으로 상대의 주장을 논파하는 경우 자세히 보면 허수아비 공격의 오류를 많이 찾을 수 있다.

(2) 허수아비 공격의 오류—인류의 조상이 원숭이라고?

허수아비란 사람을 대신하는 것으로 사람 모양을 하고 있지만 실제는 사람이 아니다. 이런 점에서 주장하지도 않은 것을 마치 주장한 것처럼 만든다면 허수아비를 만들어놓은 셈이다. 그래서 상대방이 하지도 않은 주장을 교묘하게 한 것처럼 해놓고서 공격하는 것을 허수아비 공격의 오류라고 부른다. 앞서 상대의 주장을 될 수 있는 한 호의적으로 해석해야 한다고 말했다. 상대방의 말꼬리를 잡거나 사소한 문제를 침소봉대하여 의도나 진의를 왜곡해서는 안 된다. 허수아비 공격의 오류는 이런 호의적 해석 정신에 어

긋난다. 예를 들어보자. 역사적으로 유명한 진화론과 창조론의 대립이다.

창조론 : 인간이 원숭이나 유인원에서 진화했다는 것은 터무니없는 얘기다.
　　　　만약 진화가 사실이라면 원숭이에서 인간으로 진화하는 중간 단계
　　　　의 화석이 있어야 하는데, 지금까지 발견된 적이 없다.
진화론 : 진화론자는 그런 주장을 한 적이 없다. 진화론자는 단지 인간도 지
　　　　구 위의 생물인 한 어떤 형태로든 진화하지 않았겠느냐고 주장한 것
　　　　일 뿐 인간이 원숭이에서 진화했다고 한 적은 없다.

진화론을 반박하는 창조론의 주장을 논증으로 정리해보자.

전제 1. 진화론자는 인간이 원숭이에서 진화했다고 주장한다.

창조론에 대한 생각은 아주 오랜 고대부터 시작되었다고 한다. 창조론은 신앙에 출발점을 두고 있는데, 1859년 찰스 다윈의 《종의 기원》을 기점으로 진화론이 득세하게 되었다. 20세기 이후 진화론은 분자 등 진화의 요인에 대해 꾸준히 분석하고 있으며, 창조론은 창조론의 과학적 타당성에 대해 나름대로 분석, 연구하고 있다.

2. 인간의 진화가 사실이라면 원숭이와 인간의 중간 단계를 입증할
　만한 화석이 발견되어야 한다.
3. 그런데 그런 화석이 발견된 적이 없다.
결론 4. 진화론은 거짓이다.

이 논증에 대해 진화론자들은 전제 1이 거짓이라고 한다. 진화론자는 그런 주장을 한 적이 없는데 창조론자가 마치 진화론자가 그런 주장을 한 것처럼 해놓고 중간 단계의 화석 운운한다는 것이다. 따라서 이런 논증은 받아들일 수 없다고 한다. 창조론과 진화론 가운데 어느 것이 옳은지는 모르지만, 만약 창조론자가 위와 같이 논변했다면 그것은 잘못이다. 내가 아는 한 어떤 진화론자도 인류의 조상이 원숭이라고 말한 적은 없다.

〈심야토론〉이나 〈100분 토론〉같은 프로그램을 보면 허수아비 공격의 오류를 범하는 장면을 자주 접할 수 있다. 그래서 "아니 언제 우리 당이 그런 말을 했습니까?", "왜 하지도 않은 말을 지어내서 하 니까?" 또는 "사실무근입니다. 정부는 발표를 한 적이 없습니다." 같은 반론이 자주 나온다. 허수아비 공격의 오류는 마음이 앞서거나 자신의 주장을 펴기 위해 상대의 주장을 자신의 입맛에 맞게 요리하는 데서 비롯된다. 특히 자신의 주장을 관철하기 위해 있지도 않은 일을 만들

어내는 일이 이따금 있다. 이른바 '총풍 사건'을 기억할 것이다. 나는 신문과 방송에서 연일 이 문제를 보도하기에 실제로 그런 일이 있었던 것으로 알았다. 당시 정부와 여당인 민주당은 다음과 같이 주장했다.

전제　1. 대선을 앞두고 국정원이 북한에 무력 시위를 요청한 사건이 있었다.
　　　2. 국가 기관이 대선에 개입한다는 것은 국가 권력의 사유화로 있을 수 없는 일이다.
결론　3. 국가의 기강을 흔든 이 사건에 개입한 사람은 엄중하게 처벌받아야 한다.

그런데 2001년 7월 2일에 발표된 내용에 따르면 법원이 전제 1에 해당하는 사건은 없었다고 판결했다고 한다. 즉 정부와 여당이 발표한 것과 같은 '총풍 사건'은 일어나지 않았다는 것이다. 그렇다면 정부와 여당은 있지도 않은 사건을 만들어내어 그것을 근거로 무리한 수사를 하고 대대적인 정치 공세를 폈다는 얘기가 된다.

해프닝으로 끝나버린 총풍 사건의 전모는 이회창 대선 후보가 북측에 무력 시위를 요청한 적이 없다는 것으로 결론 내려졌다. 선거 때만 되면 왜 가만있는 북한은 걸고넘어지는가? 나는 한때 북한과의 수교를 주장한 적이 있다. 지금처럼 어정쩡한 관계가 아니라 제도적 토대를 갖는 수교를 바란다는 것이다. 수교를 하게 되면 남북 문제는 정치인을 비롯한 일부의 손을 떠나 시민 일반의 손에 맡겨질 것이다. 왜 감성적으로 남북 문제를 다루는지 모르겠다.

2. 숨은 전제 보완

글을 읽다보면 명시적으로 나와 있지는 않지만 중요한 고리가 되거나 글 전체를 뒷받침하는 숨은 전제가 있는 경우가 많다. 특히 짧은 글은 지면이 한정되어 있어 그런 경우가 많다. 따라서 논증으로 재구성할 때 숨은 전제를 드러내주면 글의 논지가 좀더 분명해진다. 그리고 때때로 치명적인 오류

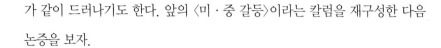

가 같이 드러나기도 한다. 앞의 〈미·중 갈등〉이라는 칼럼을 재구성한 다음 논증을 보자.

전제 1. 중국은 전통적으로 자신을 세계의 중심으로 생각해왔다.

　　　2. 하지만 지금 중국이 세계 강국이 될 것이라는 생각은 '망상'이다.

　　　3. 따라서 중국을 잠재적인 적으로 여겨서는 안 된다.

　　　4. 잠재적인 적이 아니라면 지금과 같은 강경책은 잘못된 것이다.

결론 5. 미국은 중국을 적으로 생각하지 말고 중국에 대한 강경책을 철회해야 한다.

이 논증에서 숨은 전제는 '미국 외의 세계 강국은 미국의 잠재적인 적이다'이다. 이 숨은 전제가 있어야 전제 2와 전제 3이 연결된다. 즉 '지금 중국이 세계 강국이 될 것이라는 것은 망상이다'와 '따라서 중국을 잠재적인 적으로 여겨서는 안 된다'를 연결하려면 '미국 외의 세계 강국은 미국의 잠재적인 적이다'가 필요하다. 이 경우 숨은 전제를 명시적으로 드러내지 않아도 별 문제가 없어 보이지만 사실 이 숨은 전제는 논의의 여지가 있다. 과연 '미국 외의 세계 강국은 미국의 잠재적인 적'인가? 숨은 전제도 전제이므로 참이거나 수용 가능한 것이어야 하는데 이 숨은 전제는 참이거나 수용 가능한 것인가? 여기에 대해 주어진 글은 아무런 언급도 하고 있지 않다. 논의의 여지가 없기 때문인가 아니면 그것이 단순한 사실이기 때문인가? 그런데 이 숨은 전제는 논의의 여지가 있어 보인다.

이와는 조금 다른 경우를 말해보자. 숨은 전제를 보완하는 것이 아니라 거의 누구나 알고 있는 전제를 고의로 누락하는 경우인데 누락된 전제를 채워

놓으면 전혀 다른 결론이 도출되는 경우이다. 다시 의도적 은폐의 예를 하나 들어보자. 2001년 봄 민주당 소장파 의원들이 '정풍 운동'을 펼쳤다. 언론에서도 큰 관심을 보였는데 그들의 주장을 논증으로 재구성해보면 다음과 같다.

〈가〉

전제 1. 법무장관 임명은 잘못되었다.

　　　2. 법무장관 임명이 잘못된 것은 참모가 역할을 제대로 못했기 때문이다.

결론 3. 책임을 물어 청와대 비서진을 교체해야 한다.

이 논증에 누락된 전제는 없는가? '장관을 임명하는 데는 참모의 역할이 중요하다' 정도의 전제가 누락된 것으로 해석할 수 있다. 그러나 좀더 근본적으로 따져보면 우리가 상식적으로 아는 사실 즉 '장관 임명권자는 대통령이다', '대통령이 참모의 말만 듣고 장관을 임명한다는 것은 있을 수 없다', '만약 그렇다면 대통령이 무능한 것이다' 등을 누락된 전제들로 생각할 수 있을 것이다. 이 누락된 전제를 분명히 나타내보자.

'정풍 운동'과 관련해 소장파 의원들이 들고 나온 모토는 당 정체성 확립, 민생과 개혁 입법 조속 처리, 국정 운영 시스템 혁신이다. 나는 정풍운동을 찻잔 속의 태풍으로 여기는데 요란하게 보여도 별 영향이 없을 것으로 판단되기 때문이다. 구조적 문제인 대통령 일인에게 몰린 권력 문제를 해결하지 않고서는 정치 제도가 바뀌지 않을 것이다. 인치가 아닌 법치 즉 제도에 의한 정치가 이루어져야 한다.

〈나〉

전제 1. 법무장관 임명은 잘못되었다.

2. 장관 임명권자는 대통령이다.

3. 따라서 법무장관 임명이 잘못되었다면 대통령의 책임이다.

4. 참모진에게 책임을 묻는다면 대통령이 무능하다는 것을 전제하는 것이다.

5. 그런데 대통령은 무능하지 않다.

6. 따라서 참모진은 책임이 없다.

결론 7. 법무장관 임명이 잘못된 것은 대통령 책임이다.

누락된 전제란 거의 누구나 알고 있으나, 고의적으로 누락된 전제를 말하는데, 이 누락된 전제를 찾아내면 전혀 다른 결론이 도출되기도 한다.

누락된 전제를 드러낸 논증 〈나〉는 논증 〈가〉와 사뭇 다르다. 논증 〈가〉는 비서진 교체가 결론이지만 〈나〉는 대통령의 책임이라는 것이 결론이다. 이처럼 다른 결론이 나온 이유는 누락된 전제를 찾아내 논증을 전개했기 때문이다. 문제는 누구나 논증 〈나〉에서 드러난 누락된 전제를 알고 있기 마련인데 '정풍파'가 애써 외면한 듯 보인다는 것이다.

3. 논증으로 재구성하기

주어진 글이나 말을 논증으로 재구성하기 위해서는 다음의 단계를 밟는 것이 효과적이다.

첫째, 결론을 찾는다. 결론은 보통 맨 뒤에 온다. 간혹 맨 앞에 결론을 놓기도 하는데 이 경우는 한결 편하다. 그러나 누구나 뻔히 아는 얘기를 하면 결론 찾기가 쉽지 않다.

둘째, 결론을 찾았다면 왜?라고 물어본다. 결론을 이끌어낸 이유가 있어야 하기 때문이다. 이유는 주어진 글에 있으므로 글에서 왜라는 물음을 해소해줄 수 있는 근거를 찾아야 한다.

셋째, 찾은 근거가 전제가 된다. 전제는 보통 여럿인데 전제들 사이에도 관계가 있을 수 있다. 즉 어떤 전제는 바로 앞 전제의 근거가 되기도 한다.

넷째, 숨은 전제가 없는지 살펴야 한다. 논증이 매끄럽지 못하거나 무엇인가 이상하다면 숨은 전제가 있는 경우이다. 숨은 전제를 잘 찾아내야 필자의 의도를 더 분명히 알 수 있다.

다섯째, 호의적 태도로 논증을 재구성했는지 검토해야 한다. 자신의 입맛에 맞게 논증을 재구성하는 경우가 많이 있으므로 필자의 편에 서도록 노력해야 한다. 필자의 의도를 확대, 과장해서도 안 되고, 하지도 않은 주장을 마치 한 것처럼 만들어서 공격해서도 안 된다. 최대한 호의적으로 상대의 논증을 재구성해야 반론의 효과도 커진다.

하지만 무엇보다 중요한 것은 연습을 많이 하여 기술을 익히는 것이다. 셈본을 배울 때와 마찬가지다. 셈본의 원리가 무엇인지도 알아야 하지만 역시 문제를 많이 풀어보아야 자기 것이 된다. 지겨울 정도로 반복해서 셈본의 연습 문제를 풀던 기억이 지금도 새롭다. 논리학의 셈본도 연습을 해야 한다. 연습을 통해서 새로운 기술을 익힐 수 있고 그 새로운 기술이 꼭 필요한 것이라면 수고를 마다할 이유가 없을 것이다.

자, 이제 몇 개의 글을 논증으로 재구성해보는데, 앞에서 얘기한 효과적 방법을 적용해보자.

두괄식 글쓰기는 주제가 부각된다는 장점이 있다. 그러나 호기심 유발은 미괄식 글쓰기에서 더 크게 작용하는 것 같다. 두괄식이든 미괄식이든 문제는 논증으로 재구성하는 것이다. 여전히 결론을 찾아야 하고 결론을 지지하는 전제도 찾아야 한다.

논증으로 구성하는 효과적인 방법. 첫째, 결론을 찾는다. 둘째, 왜?라고 묻는다. 셋째, 찾은 근거를 전제로 삼는다. 넷째, 숨은 전제가 없는지 살핀다. 다섯째, 호의적 태도로 논증을 재구성했는지 검토한다.

외국책 수입과 지식인 풍경

요즘은 미국에서 출간된 책들이 빠르면 3~4개월 안에 국내에서 번역돼 나옵니다. 출판대국 일본보다도 빠릅니다. 《누가 내 치즈를 옮겼을까》 같은 책은 일본보다 한국에서 먼저 번역됐지요. 이런 추세라면 할리우드 영화처럼 책이 양국에서 '동시 출간'될 날도 멀지 않은 듯합니다.

책이 귀했던 옛날은 어땠을까요. 도올 김용옥의 《독기학설(讀氣學說)》을 보면 조선 말 지식인 사회가 재미있게 묘사돼 있습니다. 당시 지식인들이 중국[淸]으로부터 앞 다퉈 책을 수입해 읽는 이야기입니다. 특히 혜강(惠崗) 최한기(崔漢綺)는 책이란 책은 아끼지 않고 사들여 나라 안 책 브로커(중매인)들이 그의 집에 몰려 들었으며, 북경 서점가의 신간들이 조선 땅에 들어오기만 하면 우선 혜강에게 입수되지 않은 것이 없었다고 합니다.

혜강이 사들인 책들은 중국에서 번역된 서양 각국의 책, 그리고 당대 선구적인 중국 사상가들의 책이었다고 합니다. 혜강은 당시 조선땅에서 정보력이 가장 뛰어난 지식인이었던 셈이죠. 그가 조선 말 서양 문물의 도입을 주장하고, 실학 사상을 펼친 것도 이런 배경에서 나온 것입니다.

지식과 학문의 젖줄이 중국에서 미국으로 옮아갔을 뿐, 요즘도 크게 달라진 것은 없다고 할 수 있습니다. 하긴 60~70년대만 해도 대학가에서는 일부 해외 유학파나 기동성 있는 교수들이 해외 신간을 재빨리 입수, '독점적 지위'를 누릴 수도 있었지요. 해외여행조차 자유화되기 전이니 그럴 만도 합니다. 그런 점에서 인터넷의 보급은 가히 혁명적인 사건입니다. 지금은 안방에 앉아 컴퓨터만 클릭하면 미국에서 어떤 책이 인기를 끌고 있는지, 미국 지식인 사회의 화두는 무엇인지 거의 실시간으로 파악할 수 있는 세상이니까요.

하지만 예나 지금이나 책이 아무리 많아도, 귀하게 여겨 읽지 않는다면 폐지 덩어리와 다를 게 없습니다. 《고문진보(古文眞寶)》에 실려 있는 소식(蘇軾)의 〈이군산방기(李君山房記)〉에 이런 이야기가 나옵니다. "예전에는 '사기'나 '한서'가 귀해 어쩌다 얻으면 모두 손수 써서 밤낮으로 읽고 외워, 그래도 미치지 못할까 두려워했다. 하지만 진한(秦漢) 이후로 종이와 글씨 획이 날로 간편해져 장사하는 사람들이 서로 베끼고 새겨 제자백가의 책이 하루에 만 장이나 전한다. 따라서 그 문사(文辭)와 학술이 마땅히 옛 사람의 몇 배가 되어야 하나 실제로는 책을 묶어놓고 보지 않은 채 허황한 이야기들만 지껄이고 있다."

〈조선일보〉 2001년 7월 28일

소식은 우리가 흔히 들어 알고 있는 소동파의 본명이다. 그는 불후의 명작 《적벽부(赤壁賦)》를 남겼다.

비교적 짧은 이 글의 결론은 책을 귀하게 읽자는 것으로 파악된다. 아무리 넘쳐나는 정보도 귀하게 여기지 않는다면 아무 가치도 없다는 것을 말하고 있다. 그런데 왜 그런지를 말해주는 설명이 없다. 단지 현상만을 말하고 있을 뿐인데, 고사를 동원한다고 해서 그 이유가 저절로 나오는 것은 아니다. 어쨌든 논증으로 만들면 다음이 될 것이다.

전제 1. 요즘 인터넷을 통해 손쉽게 그리고 빠르게 최신 정보를 알 수 있다.

2. 책과 정보가 넘친다.

3. 정보력이 뛰어난 사람이 사회를 이끈다.

4. 하지만 예나 지금이나 책이 아무리 많아도 귀하게 여겨 읽지 않는다면 폐지 덩어리와 다름없다.

결론 5. 책을 귀하게 읽자.

다음 글을 보자.

인문학과 CEO

인문학을 전공한 최고경영자CEO들이 미국에서 각광을 받고 있다는 소식이다.

최고경영자CEO (Chief Executive Officer)는 우리나라의 대표이사와 같은 뜻으로, 회사 업무에 관한 결정과 집행을 담당하는 사람을 말한다. 요즘 대학생의 창업이 잦아지면서 갓 스무 살을 넘긴 CEO도 등장하고 있다.

지식인도 제대로 없는 이 시대이 사회에 신지식인이란 개념은 생소하다. 쉽게 말해서 돈이 되는 실용적이고 창의적인 사람을 일컫는 것 같은데, 심형래가 신지식인으로 방송에 자주 나왔던 것을 보면 주로 돈이 되는 것을 만드는 사람을 말하는 것 같다. 심형래가 시들해지는 이즈음 신지식인이란 개념도 사라지고 있다. 원래 지식인은 돈이 되지 않는 것 아닌가?

일간지 〈USA 투데이〉의 최근 보도에 따르면 미국 천대 기업 최고경영자들 가운데 대학에서 경영학을 전공했거나 경영학 석사학위MBA를 소지한 사람은 전체의 3분의 1에 지나지 않는다고 한다. 그보다는 대학에서 역사나 철학·문학 같은 인문학을 전공한 최고경영자들이 두각을 보이고 있다는 것이다. 칼리 피오리나 휴렛 패커드HP 회장은 스탠퍼드 대학에서 중세사와 철학을 전공한 경우다. 코닝의 존 루스 사장은 인디애나 주 얼햄 대학 사학과 출신으로 한국·일본·중국 등 동아시아 역사를 전공했다. 월트 디즈니의 마이클 아이스너 회장은 오하이오 주 데니슨 대학에서 문학과 연극을 공부했다. 델 컴퓨터의 마이클 델 회장은 텍사스 대학에서 생물학을 전공하면서 단 한 개의 경영학 과목을 들었을 뿐이다. "창의적 사고가 중요한 것이지 대학 전공은 경영 자질과 무관하다"고 그는 말한다. 인문학을 뜻하는 영어 단어 휴머너티스humanities는 라틴어 후마니타스humanitas에서 유래했다. 문자 그대로 해석하면 '인간다움'이다. 기원전 55년 로마의 철학자이며 정치가였던 키케로는 웅변가 양성 과정을 개설하면서 후마니타스란 이름을 붙였다. 인간과 인간 정신의 본질을 꿰뚫고 있어야 대중을 감동시키는 연설을 할 수 있고, 이를 위해서는 수사학과 문학·철학·역사를 공부해야 한다는 것이 웅변가 키케로의 신념이었다. 좁은 의미에서 인문학은 문·사·철로 일컬어지는 문학·역사·철학에 종교와 예술 일반을 더한 개념이다. 여기에 사회과학과 자연과학을 더해 기초학문으로 부르기도 하고, 대학에서는 이를 교양 과목으로 분류하기도 한다. 인문학이 고사(枯死) 위기에 처해 있다. 돈이 되는 학문으로 학생들이 몰리고, 정부도 'BK21'이니 '신지식인'이니 하면서 캠퍼스에 잔뜩 돈바람을 집어 넣다 보니 기초학문은 완전히 찬밥 신세가 됐다. 지식 정보 사회의 최고경영자에게 요구되는 자질은 창의력과 통찰력이다. 파편화한 개별 전문 지식보다는 경계를 자유롭게 넘나드는 상상력과 영감, 그리고 감성이 훨씬 중요한 가치로 떠오르고 있다. 한쪽으로 치우치지 않는 균형 감각과 자유로운 상상력, 시대를 꿰뚫는 안목은 교양인의 가장 중요한 덕목이다. 보스의 통솔력보다는 리더의 교양이 최고경영자들에게 필요한 시대가 됐다. 인문학이 추구하는 목표가 바로 균형 잡힌 교양 아니겠는가.

〈중앙일보〉 2001년 7월 28일

인문학의 육성을 주장하는 이 칼럼은 예의 박식한 어휘와 예증으로 가득
차 있다. 즉 수준 높은 지식을 배경으로 인문학 육성을 외치고 있다. 하지만
논증으로 재구성해보면 의외로 단순한 구조이다. 사례들은 전제의 참을 지
지하는 귀납의 증거로 쓰일 것이다. 논증으로 재구성해보자.

인문학의 위기는 일차적으로 인문학자의 책임이다. 인문학 교수들이 그동안 교수라는 직위에 만족하고 학문을 게을리한 탓이다. 현실은 요동치고 나라는 방향을 상실하고 있는 상황에 인문학 교수가 우리에게 들려준 이야기가 있었던가! 먼 나라 이야기를 자기 이야기처럼 말하는 모습은 공허할 뿐이다. 요즈음 인문학 교수들이 제도나 시장 경제 논리를 탓하면서 인문학 위기를 목청 높여 외치는 모습은 거의 코미디에 가깝다.

전제 1. 지식 정보 사회의 최고경영자에게 요구되는 자질은 창의력과 통찰
　　　　력이다.
　　　2. 인문학은 균형 감각과 상상력, 시대를 꿰뚫는 안목을 제공한다.
　　　3. 따라서 인문학이 최고경영자에게 요구된다.
　　　4. 미국의 기업이 이를 증거한다.
　　　5. 앞으로 다가올 시대에는 인문학이 각광받을 것이다.
결론 6. 인문학을 육성하자.

다음 글을 보자.

테러와 이산가족

이산가족의 고향 방문이 처음으로 성사된 것은, 1985년 5월 27일부터 30일까지 서울에서 개최된 제8차 남북적십자회담을 통해서였다. 이 회담에서 이산가족 고향 방문과 예술공연단을 교환하는 것이 합의으로써 그해 9월 21일과 22일에 처음으로 남북한의 이산가족이 상봉하게 되었다.

"생포하든 죽여서든 법정에 세우겠다." 9 · 11 테러 직후, 테러와의 전쟁을 선포
하는 조지 부시 미국 대통령의 말투는 흡사 서부 개척 시대 총잡이의 그것이었다.
테러 배후로 지목된 오사마 빈 라덴에 대해서만이 아니다. 지난 20일 그의 의회
연설은 세계를 향한 포고였다. "모든 나라와 지역은 우리와 테러리스트들 중 어느
편에 설 것인지 결정하라." "전쟁에서 미국 쪽에 서지 않으면 테러에 대한 자유 수
호를 거부하는 '적대국'으로 간주한다." 그의 일갈에 세계 각국이 줄줄이 '신앙 고
백'을 했다. 미국과 일심동체로 분연히 복수의 깃발을 든 나라들이나, 선택의 여지

미란다원칙이라는 것이 있다. 피의자를 체포할 때, 피의자에게 알려야 할 헌법상의 권리를 지키는 원칙을 말하는데, 아마 영화나 비디오를 통해 종종 보았을 것이다.

죄형법정주의는 어떤 행위가 범죄인가 아닌가 또는 그 범죄에 대하여 어떤 형벌을 내릴 것인가 하는 것은 법률에 의해서만 정할 수 있다는 원칙이다.

없이 미국과의 항전을 선언한 나라들은 그렇다 치자. 테러는 악이로되, 전쟁으로 문제가 해결될 수 없다고 믿는 많은 나라들도 묵비권이나 양비론을 펼 여지는 없었다.

새삼스레 어느 쪽이 옳고 그르다는 이야기를 하려는 게 아니다. 미란다원칙도 죄형법정주의도 무죄추정의 원칙이나 체급의 구분도 존재하지 않는 국제 정치 무대란 얼마나 엄혹하고 미개한 곳인지 뼈저리게 느낄 뿐이다. 국익을 향한 각자의 질주가 있을 뿐인 이 원시의 정글에서 우리는 어떤 걸음을 하고 있는 것일까. 남북이 잘린데다 미국을 비롯한 4강의 이해가 얽힌 한반도이기에 더 옮겨 딛기 복잡한 발걸음이다.

오늘 시작될 예정이었던 제4차 이산가족 방문단 교환이 북한의 일방적인 연기 통고로 실현되지 못했다. 이날을 50년 동안 기다려왔을 나이 많은 이산가족들의 실망과 허탈은 말할 것도 없고, 어렵사리 이룬 당국 간 합의를 이리도 쉽게 깨버린 북쪽의 행태는 화해를 지지해온 이들에게까지 분노와 짜증을 불러일으켰다. "남조선에서는 외부에서 벌어지는 일(미국의 테러와의 전쟁)에 턱을 대고(근거를 두고) 전군과 경찰에 비상 경계 태세가 내려져 예측할 수 없는 삼엄한 분위기가 조성되고 있어, 이산가족 상봉이나 태권도 시범단 서울 파견이 정상적으로 이루어질 수 없다"는 것이 북쪽이 내놓은 이유다. 우리로선 납득할 수 없는 엉뚱한 핑계다. 정부도 "남북 관계가 한동안 냉각기에 빠지더라도 어쩔 수 없다"며 전에 없이 강경 반응을 보이고 있다. 그러나 북쪽의 설명을 뒤집어보면, 이산가족 상봉을 치러낼 수 없을 만큼 긴장된 분위기는 남한이 아니라 북한에 조성되어 있는 것이 아닐까. 물론 오사마 빈 라덴을 비호하는 아프간을 두고 하는 말이지만, "테러를 지원하는 나라는 테러리스트와 운명을 같이할 각오를 하라"는 상황에서 아직도 미국의 테러 지원국 명단에 들어 있는 북한으로서는 이번 사태의 긴장과 강도가 예사롭지 않으리라. 1990년대까지 계속됐던 한-미 합동 팀스피리트 훈련이 우리에겐 연례적인 '방어훈련'이었지만, 북한은 이를 생존의 위협으로 받아들였던 사실을 기억해봄직하다. 북한은 9.11 테러 직후 테러를 비난하는 성명을 내고, 유엔에서도 미국 테러 사건에 대한 유감을 표시하며 "테러의 근본 원인을 파악하고 유엔을 통해 효과적이며 실질적인 대처 수단을 검토해야 한다"고 밝혔다. 그러나 미국이 아프간 공격을 시작하자, "무고한 주민들을 살해하거나 지역의 정세와 안정을 파괴하는 전쟁을 통한 테러와의 투쟁 방법은 어떤 경우에도 정당화될 수 없다"며 미국을 비난하는 태도를 취했다.

북한이 이산가족 방문단 교류를 지연시키는 실질적인 이유는 금강산 관광 대금 지급이 순조롭지 않은 데 대한 압력이라는 분석도 있다. 또 이산가족 상봉은 우리로서는 인도적 견지에서 최우선 순위의 남북 교류 사업이지만, 북한으로선 체제의 안정을 잠식할 위험이 있는 달갑지 않은 사업인 것도 사실이다. 정부는 북한의 일방적인 태도 변화에 끌려 다닐 필요는 없지만, 합의를 어긴 데 대한 실망과 당혹에서 한 걸음 물러나 북한의 상황을 냉정하게 분석할 필요가 있을 것 같다. 북한 쪽의 잘못은 명확히 짚고 넘어가되, 대화의 기조는 지속해야 한다. 국제 관계가 엄혹할수록 남북 화해는 다른 누구에게 기댈 수 없는 우리 민족끼리 해내야 할 일이기 때문이다.

〈한겨레〉 2001년 10월 16일

들은 이야기로는 만주에서 북한의 이산가족을 만나는 사람들도 있다고 한다. 누구의 눈치도 볼 필요가 없고 실제로 북한의 이산가족에게도 도움이 된다고 한다. 텔레비전에 비친 이산가족 상봉은 이에 비해 너무 정치적으로 보인다. 남북 당국이 정말로 이산가족 상봉에 열의가 있다면 편지 왕래나 전화부터 자유롭게 할 수 있게 해야 할 것이다. 우리나라에서 북한을 제외하고 전화나 편지 왕래가 금지된 국가가 있는지 의심스럽다. 이런 상황인데도 같은 민족이라고 연일 외칠 것인지.

다소 장황해 보이는 이 칼럼의 결론은 단순하다. 정부는 북한이 합의를 어긴 것에 실망하거나 당혹해하지 말고 북한의 상황을 냉정하게 분석하고 대화를 계속해야 한다는 것이다. 즉 합의가 지켜지지 않은 것에 대해 우리의 입장이 아니라 북한의 입장에서 생각해야 하며, 그린 태도로 사태에 임하면 대화의 기조를 유지할 수 있다는 주장이다. 결론과 별로 연관이 없어 보이는 전제가 많이 등장하는 이 칼럼을 논증으로 재구성해보자.

전제 1. 테러와의 전쟁에서 보이는 국제 정세는 국익을 향한 각자의 질주만이 있는 원시의 정글이다.

2. 남북이 잘린 데다 미국을 비롯한 4강의 이해가 얽힌 한반도는 운신의 폭이 좁다.

3. 제4차 이산가족 방문단 교환이 북한의 일방적인 연기 통고로 무산되었다.

4. 이산가족 상봉을 치러낼 수 없을 만큼 긴장된 분위기는 남한이 아닌 북한에 조성되어 있을 수 있다.

5. 아직도 미국의 테러 지원국 명단에 들어 있는 북한으로서는 이번 사태의 긴장과 강도가 예사롭지 않을 것이다.

6. 정부는 합의를 어긴 데 대한 실망과 당혹에서 한 걸음 물러나 북한의 상황을 냉정하게 분석할 필요가 있을 것 같다.

7. 국제 관계가 엄혹할수록 남북 화해는 다른 누구에게 기댈 수 없는 우리 민족끼리 해내야 할 일이다.

결론 8. 정부는 북한의 잘못은 명확히 짚고 넘어가되 대화 기조는 유지해야 한다.

다소 힘들었을지도 모르겠다. 처음 하는 일은 언제나 일이 손에 익지 않아서 어려운데 논증으로 재구성하는 일은 머리에 익숙하지 않아 더 생소하게 느낄 수 있을 것이다. 하지만 몇 개만 자신이 직접 해본다면 그리 어렵지 않다는 것을 알게 될 것이다.

세 편의 글을 논증으로 재구성해보았다. 이 과정에는 무엇이 잘못되었는지 평가하는 작업이 없었다. 이것은 우리 작업의 절반일 뿐이다. 왜냐하면 무엇이 잘못되었는지를 지적하고 그런 잘못이 없는 글을 쓰는 것이 우리의 목표이기 때문이다. 따라서 우리의 다음 과제는 무엇이 잘못되었는지, 즉 무엇이 오류인지를 배우는 것이다. 오류론을 배운 뒤에 사설이나 칼럼을 분석하여 오류를 지적해보면 더 나은 글을 쓸 수 있을 것이다. 오류를 익히고

모든 것이 디지털로 표현되는 시대에 사설이나 칼럼은 무풍지대에 놓여 있는 것 같다. 영화 평도 별 다섯을 만점으로 주는 등 시각적으로 하고 있다. 근본적으로 사설이나 칼럼이 영화와 다른 점은 없다. 오히려 종합 예술인 영화를 별의 개수로 양화한다는 것이 놀라운 일이다. 나는 이 책에서 엄밀성을 기하기 위해 별이 아닌 숫자를 택했다.

나서 사설이나 칼럼을 논증으로 재구성한 뒤에 오류를 지적해가면서 평점

을 매겨보자.

5장 | 오류, 제대로 이해하기

논쟁을 하다가 상대방에게 "지금 말씀하신 것은 합성의 오류에 해당합니다. 즉 미국인 각각이 착하다고 해서 미국이란 나라가 착하다고 추론한다면 합성의 오류를 범하는 것입니다."라고 말한다면 상대방은 이렇게 반박할 것이다. "나는 그런 어려운 전문 용어는 모릅니다. 하지만 내 경험상 미국은 신뢰할 수 있는 우방이라는 것입니다." 논리학 책에는 상대방의 오류를 구체적으로 지적하지 말라고 되어 있다. 즉 '합성의 오류'라는 용어를 쓰지 말고 "부분의 속성이 전체의 속성이 되는 것은 아니지 않습니까?"라고 되물으면서 축구 팀을 예로 들라고 권한다. 포지션마다 가장 뛰어난 선수들을 모아 팀을 구성한다고 해서 그 팀이 최강의 팀이 되는 것은 아닌 것처럼 미국의 경우도 그러하다고 말이다. 이것에 대해서는 나도 동의한다. 학술적인 토론이 아니라면 이런 전략이 훨씬 효과적이다. 하지만 쉽게 풀어 말하고 적절한 예를 들 수 있으려면 정확히 어떤 오류인지 그리고 오류란 무엇인지를 제대로 알고 있어야 한다. 다음에 소개하는 오류들은 오류의 아주 작은 일부에 지나지 않지만 우리 사회에서 아주 흔히 접할 수 있는 것들이다. 우선 오류의 개념부터 살펴보자.

우리는 보통 자신의 잘못을 구체적으로 조목조목 지적당하면 실제의 잘잘못을 떠나 감정적으로 불쾌해한다. 더욱이 논리학에서 사용되는 용어를 사용하여 오류를 지적하면 자신의 무지가 드러나는 것처럼 느끼기 때문에 불쾌감은 증폭되기 마련이다. 따라서 전문 용어를 사용하지 말고 내용을 풀어서 지적하면 한결 부드럽게 논쟁이 진행될 수 있을 것이다.

1. 오류란 무엇인가

오류란 쉽게 말하자면 좋은 논증을 방해하는 것이다. 그러니까 앞서 제시한 좋은 논증의 네 가지 조건 즉 관련성, 전제의 참, 충분한 근거, 반박 잠재우기 등을 어기는 것이 오류이다. 오류란 건강을 해치고 위협하는 바이러스와 같은 것이다. 건강한 상태가 바람직하고 좋다는 사실은 누구나 알고 있다. 하지만 우리는 자주 바이러스에 노출되고 바이러스로 인해 건강을 해치고 고통 받는다. 마찬가지로 오류도 좋은 논증을 위협하고 파괴한다. 잘못된 길이 넓고 쉬운 것처럼 오류도 우리의 익숙한 사유에 자리 잡고 있다. 따라서 바이러스를 예방하기 위해 백신 주사를 맞아야 하듯이 오류를 방지하기 위해서는 오류의 종류를 알고 그 대처법을 익혀야 한다.

좋은 논증을 방해하거나 파괴하는 것을 오류라고 할 수 있으나 좀더 자세히 살펴보자. "오류란 대화에서 쓰이는 일련의 논증으로 상대방을 속이려는 책략이거나 추론의 체계적이고 심각한 잘못을 말한다. 이 개념에 따르면, 오류는 단순히 취약한 논증이나 대화의 규칙을 어긴 것을 말하지 않는다. 오류는 대화의 목표를 방해하거나 대화의 실현을 훼방놓기 위해 사용되는

오류는 대화를 방해한다는 측면에서 보면 우리 몸을 해치는 바이러스 같은 것으로 꼭 치유해야 할 과제이다.

논증으로서 심각하고 체계적인 잘못이거나 복잡한 전략이다"[더글러스 월턴 Douglas Walton, 《무지에 기인한 논증*Argument from Ignorance*》(The Pennsylvania State University Press, 1996), 270~271쪽]. 즉 오류란 대화가 제대로 이루어지지 못하게 만드는 복합적이고 진지하며 체계적인 논증을 말한다. 좋은 논증을 주고받으면서 이루려는 대화의 목표를 방해하는 것을 오류라고 할 수 있는데, 단순한 규칙 위반을 말하는 것이 아니므로 전략적 차원에서 고찰해야 한다는 말이다.

오류란 적극적 개념이 아닌 소극적 개념이다. 좋은 논증이란 무엇인지에 관해서는 옳든 그르든 조건을 제시할 수 있지만, 오류는 딱히 어떤 것이라고 정의하는 것이 아니라 좋은 논증을 방해하는 것 또는 대화의 목표를 흐리게 하는 것 등의 식으로 정의하기 때문이다. 그럼 오류에는 어떤 것들이 있는가?

2. 오류의 종류

오류에는 크게 형식적 오류와 비형식적 오류 두 가지가 있다. 앞에서 말한 좋은 논증의 네 가지 조건 즉 관련성, 전제의 참, 충분한 근거, 반박 잠재우기 등을 어기는 것이 비형식적 오류에 속한다. 그리고 형식적 오류는 논증의 형식에 의해 발생하는 오류를 말한다. 즉 형식 자체가 잘못되었기 때문에 어떤 내용을 넣든 오류가 발생한다.

더 자세히 말하면 형식적 오류란 연역적 규칙을 어길 때 나타나는 것이고 비형식적 오류는 어떤 대화를 지배하는 대화의 규칙을 어길 때 일어나는 것

오류는 크게 형식적 오류, 비형식적 오류로 나뉘는데, 전자는 연역 규칙을 어길 때, 후자는 대화의 규칙을 어길 때 발생한다. 오류가 없어야 대화가 매끄럽게 진행된다.

형식 논리학이란 논증의 타당성을 탐구하는 학문이다. 타당성이란 전제가 참일 때 결론이 거짓일 수 없다는 논증의 성질로 형식 논리학의 특성이다. 보통 기호를 사용하여 형식 논리학을 전개하므로 사람들은 거부감을 갖게 되고 머리가 아프다는 반응을 보인다. 하지만 미적분에 비하면 형식 논리학은 훨씬 쉬운 학문이다.

《오류》는 오류학에서는 유명한 고전이다. 제일 재미있는 구절은 책 앞에 실려 있는 〈감사의 글〉이다. "누구에게 바치겠냐고? 이 말을 한 친구에게 바치겠다. '나는 책 제목이 내용을 정확히 기술하질 않기를 바라'라고 말한 친구에게." 내가 여태껏 읽었던 책 가운데 가장 유쾌한 '감사의 글'이다.

이다. 여기서 대화의 규칙이란 연역적 규칙뿐만 아니라 귀납적 규칙 그리고 이른바 질서의 규칙까지 포함한다. 예를 들어, '이중의 의미'를 사용해서는 안 된다는 대화의 규칙이 있다. 어떤 논증을 제시하거나 말을 할 때 하나의 어휘를 다른 뜻으로 사용해서는 안 되며 만약 다르게 사용한다면 반드시 자신이 어떤 의미로 썼는지를 밝히든가 상대방에게 알려주어야 한다는 규칙이다. 형식 논리학은 내용을 따지지 않으므로 이런 잘못을 지적하기는 어려우며 이는 귀납 논리학도 마찬가지다. 하지만 이런 대화의 규칙을 어긴다면 분명히 잘못된 것이므로 오류로 지적해야 한다. 햄린은 오류를 세 가지로 나눈다. 하나는 연역적 오류로, 보통 형식적 오류로 불리며, 둘째는 귀납적 오류로 과학적 방법론의 기준을 어기는 것이고, 셋째는 대화 오류로 대화의 질서를 어기는 것이다[햄린C. L. Hamblin, 《오류Fallacies》(Vale Press, 1970), 4쪽]. 우리는 연역적 오류를 형식적 오류로, 귀납적 오류와 대화 오류를 비형식적 오류로 묶어서 둘로 나눈다. 비형식적 오류를 세분하자면 적어도 60가지 이상을 들 수 있으나 여기서는 최소한으로 만족하려 한다. 왜냐하면 우선 네 가지 큰 범주(관련성, 전제의 참, 충분한 근거, 반박 잠재우기)에 속하는 오류만을 제시하려고 하기 때문이다.

(1) 형식적 오류

내용이 아닌 형식에 의해 일어나는 오류로서 연역의 규칙을 어길 때 발생한다. 형식적 오류의 종류는 많으나 여기서는 후건 긍정의 오류, 전건 부정의 오류, '아니면'의 오류 세 가지만 소개한다. 이 세 가지 형식적 오류는 일상생활에서 아주 흔히 일어나는 것으로 우리가 거의 의식하지 못하고 있다고 해도 과언이 아니다. 형식에 의해 일어나는 것이므로 몇 가지 기호를 사용해서 표현해야 한다. 하지만 초등학교에서 쓰이는 수준이므로 이해하는 데 큰 어려움이 없을 것이다.

후건 긍정의 오류

우선 '전건', '후건'이란 말이 무엇인지 알아보자. 조건문의 앞 문장을 전 건이라 하고 뒷 문장을 후건이라 한다. 예를 들어 '이병규가 안타를 두 개 더 친다면 시즌 백 호 안타가 된다'라는 명제에서 '이병규가 안타 두 개를 더 친다'는 전건, '그것은 시즌 백 호 안타가 된다'는 후건이다. 즉 '만 약……한다면……이다'라는 조건문에서 '만약……한다면'에 들어가는 문 장이 전건, '……이다'에 들어가는 문장이 후건이다. 이것을 보기 쉽게 전건 을 'p', 후건을 'q'라고 하고, 조건을 나타내는 기호로 '→'를 택한다면 조 건문의 형식은 'p → q'가 된다. 즉 'p이면 q이다.'가 되는 것이다.

따라서 '이병규가 안타를 두 개 더 친다면 시즌 백 호 안타가 된다'는 명 제는 'p → q'로 형식화할 수 있다.

후건 긍정의 오류를 기호로 보이면 다음과 같다.

1. q
2. p → q
∴ 3. p

p: 여기에 사용되는 기호는 명 제를 나타내는 것인데 보통 명 제는 알파벳 p, q, r 등으로 쓴 다. 대문자 P, Q, R 등을 쓰기 도 한다.
—: 부정을 나타내는 이 기호 역시 '~'나 'ㄱ' 혹은 'N'으로 쓰기도 한다.

조금 낯선 형식으로 보이는데 앞에 나왔던 정우성의 예가 여기에 속한다.

전제 1. 심은하는 정우성에게 꽃을 주었다. (q)

    2. 심은하가 정우성을 좋아한다면 꽃을 줄 것이다. (p → q)

결론 3. 심은하는 정우성을 좋아한다. (p)

후건 긍정의 오류는 일상의 사유에서 흔히 일어난다. 너무나 익숙한 사유 형식이라서 오류라는 지적을 받고도 자신도 모르게 계속 사용하게 될 정도이다.

이에 반해 후건 부정의 형식 추론은 오류가 없는 타당한 추론이다. 형식은 다음과 같다.

후건 긍정의 오류는 일상의 사유에서 흔히 일어난다. 너무나 익숙한 사유 형식이라서 오류라는 지적을 받고도 자신도 모르게 계속 사용하게 될 정도이다.

    1. p → q

    2. - q

∴ 3. - p

여기서 '- p', '- q'의 '-'은 부정을 뜻한다. 예를 들어 '일본 영화는 재미있다'를 'p'로 한다면 이것의 부정은 '일본 영화는 재미없다'이고 기호로 나타내면 '- p'가 된다. 위의 추론 형식은 타당한 것으로 보통 '부정식'이라 부른다. 즉 후건을 부정하면 전건이 부정된다는 것이다. 예를 들어보자.

전제 1. 이 곡이 좋은 노래라면 히트할 거야. (p → q)

    2. 이 곡은 히트하지 않았다. (- q)

결론 3. 이 곡은 좋은 노래가 아니다. (- p)

일반적으로 이 추론은 옳지 않은 것으로 받아들여지므로 의아할 것이다.

즉 전제 1은 경험상 거짓이다. 좋은 곡이라고 해서 모두 히트하는 것은 아니라는 것은 누구나가 알고 있다. 그런데 어떻게 이 논증이 타당할 수 있는가? 여기서 타당성 개념을 살펴보는 것이 좋겠다. 타당성이란 연역 추론에 해당되는 개념으로, 전제가 참일 때 결론이 거짓일 수 없는 논증을 타당하다고 한다. 유의할 점은 전제가 실제로 참이라는 얘기가 아니라 전제가 참 '이라고 한다면' 이라는 것이다. 즉 전제가 참이라고 가정했을 때 결론이 반드시 참이 되는 추론 형식을 타당하다고 한다. 우리의 관심은 전제가 실제로 참인 논증에 있으므로 타당성 개념은 그다지 중요하지 않을 수 있다. 그러나 형식적으로 타당하지 않은 추론 형식을 반드시 알아야 한다. 다시 말해서 전제가 모두 참이라고 할지라도 결론의 참이 보장되지 않는 추론 형식을 알고 있어야 한다는 것이다. 지금 여기에 소개하는 후건 긍정의 오류, 전건 부정의 오류, '아니면' 의 오류 등이 형식상 타당하지 않은 추론에 속한다.

위의 논증에서 전제 1이 참이고 전제 2도 참이라면 결론 3은 참일 것이다. 논증의 형식에는 아무런 문제가 없다. 문제는 우리가 판단하기에 전제 1을 수긍하기 어렵다는 것이다. 즉 좋은 논증의 조건 가운데 '전제의 참' 을 어기고 있는 것이다.

여기서 다시 한번 타당성에 대해 알아보자. 타당성이란 연역 추론에 해당되는 개념으로, 전제가 참일 때 결론이 거짓일 수 없는 논증을 타당하다고 한다.

전건 부정의 오류

전건 부정의 오류는 다음의 형식으로 추론했을 때 발생한다.

1. $p \rightarrow q$
2. $-p$
∴ 3. $-q$

'p이면 q인데, p를 부정하면 q가 부정된다'는 것이다. 다시 말해서 전건을 부정하면 후건이 부정된다는 것인데 이것은 잘못된 추론 형식의 하나이다. 전건 부정의 예를 보자.

엠디는 미니 디스크Mini Disk를 줄여 부르는 말인데 음질이 뛰어나고 휴대하기 편한 디지털 저장 매체이다. 1992년 일본의 소니사에서 개발, 발표해 차세대 미디어로 돌풍을 일으켰다. 엠디의 특징은 편집에 있다. 자신이 원하는 곡만 담아서 편집할 수 있으므로 자신의 세계로 빠지는 데 유용하다. '매스 미디어는 싫다'는 카피는 오히려 엠디에 어울릴 것이다.

전제 1. 시험을 잘 보면 엠디를 사주겠다. (p → q)

    2. 시험을 못 봤다. (- p)

결론 3. 엠디를 못 사주겠다.(- q)

아주 흔하게 들을 수 있는 예이다. 시험을 앞둔 자식에게 부모는 흔히 이런 식으로 제안한다. "이번에 시험 잘 보면 만 원 줄게." 그러면 자식은 만 원을 목표로 열심히 공부한다. 그러나 평소 실력이 어디 가는가! 또 시험을 망쳤다. 부모는 "시험 못 봤으니까 국물도 없어. 청소나 해."라고 꾸짖는다. 이렇게 익숙한 대화가 오류란 말인가? 그렇다. 전건 부정의 형식 추론은 전제가 참일 때 결론의 참을 보장하지 못하기 때문이다. 즉 전제가 참임에도 불구하고 결론이 거짓일 수 있기 때문에 오류이다. 이에 반해 전건을 긍정하면 후건도 긍정된다는 형식의 추론은 타당하다.

앞으로 시험 못 봤다고 "청소나 해."라는 부모님께 전건 부정의 오류를 설명해보자. 뒷일은 각자가 감당하도록!

    1. p → q

    2. p

  ∴ 3. q

이 추론 형식을 '긍정식'이나 '전건 긍정식'이라고 부르는데 아주 오래전부터 타당한 형식으로 알려져왔다. 사례를 보자.

전제 1. 네가 시험을 잘 보면 피시방에 보내주겠다. (p → q)

      2. 시험을 잘 봤다. (p)

결론 3. 피시 방에 보내주겠다. (q)

긍정식에 익숙한 우리는 전건을 부정하면 후건이 부정된다고 생각하기 쉬워 오류를 범하기 일쑤다.

'아니면'의 오류

"빵 먹을래, 우유 먹을래?" 이 질문을 다르게 바꿔 "빵 아니면 우유 먹을래?"라고 표현할 수 있다. 여기서 '아니면'은 영어의 'or'에 해당되는데 보통 두 가지 뜻으로 쓰인다. 하나는 배타적 의미로 둘 중 하나를 선택하라는 것이고 다른 하나는 둘을 모두 포함할 수 있다는 것이다. '자유가 아니면 죽음을 달라'는 유명한 외침이 배타적 의미로 쓰인 예이다. 자유와 죽음을 동시에 줄 수는 없기 때문이다. 하지만 "빵 아니면 우유 먹을래?"라고 물을 때

'아니면'의 오류는 보통 두 가지 뜻으로 쓰인다. 하나는 배타적 의미로 둘 중 하나를 선택하는 것이고 다른 하나는 둘을 모두 포함할 수 있다는 것이다.

는 포함적 의미로 사용된 것이다. 이때 빵이나 우유 가운데 꼭 하나만을 선택해야 하는 것은 아니다. "빵, 우유 다 먹을래요."라고 답해도 아무런 문제가 없다. 우리가 일상에서 사용할 때는 포함적인 경우가 더 많은데 논리학에서도 보통 포함적 의미로 '아니면'을 사용한다. '아니면'의 오류는 '아니면'이 포함적 의미로 쓰였는데 배타적으로 해석함으로써 발생한다. 예를 들어보자.

전제 1. **빵 아니면 우유를 먹는다.**

　　　2. **빵을 먹는다.**

결론 3. **우유를 먹지 않는다.**

이 논증은 '아니면'의 오류를 범하고 있다. 빵과 우유를 다 먹을 수 있으므로 빵을 먹는다고 해서 우유를 먹지 는다고 결론짓는다면 오류이다. 기호를 사용해서 표현하면 다음과 같다.

　　　1. $p \lor q$

　　　2. p

∴ 3. $\sim q$

여기서 '∨'은 '아니면'을 나타내는 기호이다. 예를 하나 더 들어보자. 예쁘지만 사악한 여자가 주인공으로 나오는 범죄 스릴러 영화에서 살인 사건이 일어나고 형사는 수사에 착수한다. 유력한 용의자로 사악하지만 예쁜 여자가 떠오른다. 형사는 수사를 진행하면서 여자와 사랑에 빠지게 된다. 이때 결정적인 용의자로 전혀 엉뚱한 남자가 등장하고 수사의 초점은 그 남자에게 모아진다. 증거들이 계속 드러나고 남자는 체포된다. 이쯤 되면 형사는 여자가 범인이 아니라서 안도하게 되고 관객도 마찬가지다. 하지만 마지막에 가서 영화는 반전한다. 여자와 그 남자가 살해된 사람과

서로 인연을 갖고 있다는 것이 밝혀지고 여자가 공범임이 드러난다. 그럼 무엇이 잘못되어서 형사와 관객은 마지막 반전을 허용했는가? 바로 다음과 같은 '아니면'의 오류 추론이다.

전제 1. 그 여자 아니면 그 남자가 범인이다.

　　　2. 그 남자가 범인이다.

결론 3. 그 여자는 범인이 아니다.

그 여자와 그 남자가 공범일 수 있다는 사실을 배제함으로써 오류가 생긴 것이다.

이상으로 형식적 오류 세 가지를 살펴보았다. 가짓수가 많지 않으므로 익히는 데는 별 어려움이 없을 것이다. 형식적 오류는 구조에 의한 것이므로 구조가 드러나면 비형식적 오류에 비해 분명하고 알아보기가 쉽다. 즉 형식

자, 이제 여기서 잠깐. 앞에서 살펴본 형식적 오류의 세 가지 형태를 정리해보자.
1. 후건 긍정의 오류
2. 전건 부정의 오류
3. '아니면'의 오류

비형식적 오류란 형식 외의 요인, 주로 내용적인 요인으로 발생하며, 좋은 논증의 네 가지 기준인 관련성, 전제의 참, 충분한 근거, 반박 잠재우기를 지키지 못했을 때 일어난다.

범주란 철학에서 말하는 '카테고리'인데, 예를 들어 색과 형태는 서로 다른 범주이다. 색과 형태는 보통은 분리되지 않지만 분명히 구별된다. 사실 범주란 용어도 괜히 부담을 주는 철학 용어이다. 별것 아닌데 범주라고 하면 어쩐지 거리감이 느껴진다. '우린 같은 부류야'는 별 거부감이 없는데 '그것은 동일한 범주이다'라고 하면 어쩐지 무겁고 딱딱하게 들린다.

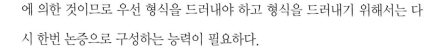

에 의한 것이므로 우선 형식을 드러내야 하고 형식을 드러내기 위해서는 다시 한번 논증으로 구성하는 능력이 필요하다.

(2) 비형식적 오류

형식적 오류가 위에서 본 것처럼 형식 때문에 생기는 것이라면 비형식적 오류는 다른 요인에 의해 생긴다. 다른 요인이란 주로 논증의 내용에 관한 것인데 크게 무관련성의 오류, 수용 가능성 오류, 불충분한 근거의 오류, 반박 피하기의 오류로 나눌 수 있다. 이 네 가지 비형식적 오류는 앞에서 보았던 좋은 논증의 네 가지 조건 즉 관련성, 전제의 참, 충분한 근거 그리고 반박 잠재우기를 지키지 않을 때 일어난다. 그러니까 이 요인들은 좋은 논증을 구성하는 것을 방해하는 것들 즉 좋은 논증의 조건에 반대되는 개념이라고 생각하면 될 것이다.

앞에서 말한 것처럼 비형식적 오류는 귀납 방법론의 규칙이나 대화의 규칙을 어길 때 생기는 것으로 상대방을 속여서 진정한 대화를 방해하려는 전략이라고 할 수 있다. 여기서 비형식적 오류로 제시하는 무관련성의 오류, 불충분한 근거의 오류, 수용 가능성 오류, 반박 피하기의 오류 등은 사실 오류의 이름이라고 하기 어렵다. 이런 것들은 오류의 종류라기보다는 기준을 말하는 것이기 때문이다. 즉 세세한 오류의 이름이 아니라 범주라고 하는 것이 적절하다. 비유하자면 어떤 옷을 보고 보라색은 어울리지 않는다, 빨간색이 더 잘 어울린다고 말하지 않고 색에 문제가 있다는 식으로 말하는 것과 같다. 즉 색의 이름을 특정하게 말하지 않고 색이란 범주만을 말하는 것이다. 색은 범주이고 보라색이나 빨간색은 색의 이름이다. 오류를 지적하라고 하면 특정한 오류의 이름을 대는 것이 일반적이다. 이 책에서도 물론 오류의 이름을 말한다. 그러나 그것은 관련 범주에 해당되는 경우이다. 다시 말해서 이 책은 비형식적 오류의 기준으로 삼을 수 있는 네 가지 범주를 제시하고 그것을 오류라고 부른다.

3. 네 가지 기준으로 본 오류

여기에 제시하는 네 가지 기준의 오류는 위에서 말한 것처럼 낱낱의 오류의 이름이 아니라 범주이다. 즉 좋은 논증을 방해하는 요소를 기준으로 삼았다. 예를 들어 관련성이 좋은 논증의 조건이므로 이 조건을 갖추지 못한다면, 즉 전제가 결론과 관련이 없다면 좋은 논증이 아니므로 무관련성의 오류라고 부르는 것이다. 그렇다고 해서 범주만 나열하는 것은 아니고 범주에 해당되는 개별적 오류도 소개한다. 물론 여기 소개하는 비형식적 오류 외에도 40가지가 넘는 오류가 존재한다. 하지만 한 번에 모든 것을 익히려고 한다면 어느 하나도 내 것으로 만들기 어렵다. 이 책에서는 네 가지 범주의 오류부터 잘 익혀보자.

(1) 무관련성의 오류

좋은 논증의 조건 가운데 하나인 관련성은 전제와 결론은 관련이 있어야한다는 것이다. 전제가 참이라 할지라도 결론과 무관하다면 잘못이라는 뜻이다. 남의 말을 듣거나 글을 읽을 때 흔히 "그런데 이 얘기가 왜 나온 거야?"라고 묻게 되는데, 이런 경우가 무관련성의 오류에 해당된다. 아무리멋있는 말이나 그럴듯한 주장을 해도 결론과 관련이 없다면 그것은 오류이

무관련성의 오류에는 대중에 호소하는 오류, 발생학적 오류, 인신 공격의 오류 등이, 수용 가능성 오류에는 이중 의미의 오류, 질문 구걸의 오류가, 불충분한 근거의 오류에는 근시안적 귀납의 오류, 무지 논증의 오류, 결정적 증거 누락의 오류, 공통 원인 간과의 오류가, 그리고 반박 피하기의 오류에는 반증 무시의 오류, 우물에 독 뿌리기의 오류 등이 있다.

히틀러나 무솔리니의 경우 여러 평가가 있을 수 있으나, 대중 선동이나 대중 조작에 능했던 것 같다. 그리고 우리나라의 정치인들이 툭하면 여론 조사를 들먹이는데, 여론 조사가 공정치 못하다면 이 또한 대중 조작의 가능성을 의심해볼 여지가 있다. 즉 잘못된 여론 조사의 결과를 토대로 여론을 형성하면 그것은 대중 조작이다.

다. 여기에 해당되는 것들을 몇 가지 살펴보자.

대중에 호소하는 오류

이것은 많은 사람이 어떤 견해에 찬성한다고 해서 그 견해를 받아들여야 한다거나 많은 사람이 어떤 견해를 반대한다고 해서 그 견해를 받아들일 수 없다고 주장할 때 생기는 오류이다. 다수 대중에 호소하여 주장의 수용 여부를 주장해서는 안 된다. 대중이 잘못 알거나 잘못 판단할 수도 있고 대중이 어떤 견해에 반대하는 것이 대중 조작의 결과일 수도 있기 때문이다. 하지만 우리는 많은 사람이 그렇다고 하면 그런가 보다고 생각하기 쉽다. 또 어떤 견해에 대해 언론이 보도한 것을 비판적으로 검토하지도 않고 그대로 믿는 경향이 있다. 예를 들어보자.

〈가〉

전제 1. 대다수의 사람이 천동설이 옳다고 생각한다.

결론 2. 천동설은 옳다.

몇백 년 전만 해도 〈가〉의 논증이 통했겠지만, 지금은 천동설이 틀리고 지동설이 옳다는 것이 상식이다. 대다수의 견해가 결론의 참을 보장해주지는 않는다. 그럼 다음 경우는 어떤가?

〈나〉

전제 1. 여론 조사 결과 전 국민의 70퍼센트가 의약 분업에 찬성한다고 한다.

결론 2. 의약 분업은 시행되어야 한다.

그런데 같은 시기 다른 기관의 여론 조사가 이런 결과를 내놓았다고 하자.

〈다〉

전제 1. 여론 조사 결과 전 국민의 68퍼센트가 의약 분업을 반대하고 있다.

결론 2. 의약 분업은 시행되어서는 안 된다.

논증 〈나〉와 논증 〈다〉는 서로 다른 결론을 내리고 있는데 이런 경우의 일은 생각보다 흔하다. 여론 조사가 기술적인 면에서 발달을 거듭하고 있지만 완전히 믿을 만한 근거가 되지는 못한다. 여론 조사 결과 아무리 많은 사람이 찬성한다고 해도 논증 〈가〉의 천동설의 예에서 보듯이 오류일 가능성이 있기 때문이다.

의약 분업은 말 그대로 진료행위와 조제행위를 나누는 것이다. 이는 의약의 합리화와 약품의 오남용을 방지하려는 취지에서 시작되었다. 의약 분업에 대한 자세한 정보는 국민건강을 위한 의약 분업 홈페이지 http://bunup.mohw.go.kr 에서 얻을 수 있다.

정치인이 가장 좋아하는 단어는 '국민'인 것 같다. "국민이 원하는데…….", "국민 앞에 떳떳한……." 이런 말을 들을 때마다 나는 내가 정치인이 말하는 '국민'에서 제외된다는 것을 느끼곤 했다. 나는 언제 '국민'이 되려나. 지금으로 보아서는 아마도 영원히 '국민'이 될 것 같지 않다.

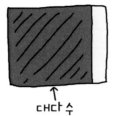

대중에 호소하는 오류는 정치인들이 흔히 범하는 것이다. 하기야 정치인이 범하지 않는 오류를 찾기가 더 어렵지만. 정치인들은 반드시 "많은 국민이 원하기 때문"이라는 핑계를 대면서 주장을 관철하려 든다. 이런 이야기를 들으면 곧바로 "나는 원하지 않는데, 그럼 누구지?"라는 반문을 하게 만드는데 '많은' 이란 말은 '대다수' 와 구별된다는 사실에 유의할 필요가 있다. 대통령 선출 선거에서 30퍼센트의 지지를 얻었다면 '많은 국민의 지지' 라는 말을 쓸 수 있다. 그러나 동시에 '많은 국민이 낙태를 반대했다' 는 말도 성립한다. 낙태에 대해 많은 국민이 지지하지만 동시에 많은 국민이 반대하는 것도 사실이다. 하지만 '많은' 을 '대다수' 로 바꾼다 해도 대중에 호소하는 오류는 없어지지 않는다.

발생학적 오류

이 오류는 처음 단계의 속성이 지금까지 지속되고 있다고 판단하는 데서 생긴다. 즉 발생 당시의 성질이 시간의 흐름에 따라 발전하거나 변할 수 있는데도 그것을 무시하고 상대방의 논증을 깎아내리기 위해 시작 단계의 성질을 지금에 그대로 전이시킬 때 나타난다. 예를 들어 고아이기 때문에 아무리 명문 대학을 나와도 교양이 없을 것이라고 추론한다면 발생학적 오류를 범한 것이다. 고아라서 환경이 열악하여 교육에 문제가 있을 수도 있지만 사람은 스스로를 갈고 닦는 능력을 갖추고 있기 때문에 이런 추론은 잘못이다. 다음의 예를 보자.

〈가〉

전제 1. 일본은 삼국시대에 한반도에 임나일본부를 두어 통치했다.

결론 2. 일본의 조선 식민지 지배는 정당하다.

우리나라 사람이라면 어느 누구도 이 논증을 받아들이려 하지 않을 것이다. 전제 1이 참이 아니라고 생각하기 때문이다. 일본의 역사 교과서 왜곡에 강하게 항의하는 것도 이런 이유에서다. 그런데 설사 전제 1이 참이라고 해도 논증 〈가〉는 수용될 수 없다. 왜냐하면 발생학적 오류를 범하고 있기 때문이다. 즉 일본이 옛날에 한국을 식민지로 통

치한 적이 있다고 해서 근대에 있었던 일본의 식민지 지배가 정당화되지는 않는다. 그런데 우리는 암암리에 전제 1은 참이 아니지만 논증 〈가〉가 그 자체로는 수용할 만한 논증이라고 생각하는 것 같다. 만약 임나일본부를 인정한다면 결국 근대의 식민지 지배를 정당화해줄 것이므로 끝까지 임나일본부를 부정해야 한다고 말하는 것은 이 때문일 것이다. 하지만 이는 잘못이다. 논증 〈가〉는 전제가 참이라 할지라도 발생학적 오류를 범하고 있는 논증이다. 다음의 예를 살펴보자.

〈나〉

전제　1. 마스카라는 원래 이집트에서 창녀들이 피곤을 감추기 위해서 하던 것이다.

　　　2. 너는 마스카라를 했다.

결론　3. 너는 피곤함을 감추기 위해 마스카라를 한 것이다.

마스카라가 창녀들이 피곤을 감추기 위해 시작한 것이라 해도 지금은 단순히 치장을 위해 쓰인다. 따라서 논증 〈나〉를 받아들이기는 어렵다.

〈조선일보〉와 〈동아일보〉가 일제 때 친일성 기사를 많이 실은 반민족지이므로 구독하지 말자는 주장도 발생학적 오류에 해당된다.

〈다〉

전제　1. 〈조선일보〉와 〈동아일보〉는 일제 강점기에 일본의 천황을 찬양하는 기사를 실었던 반민족지이다.

　　　2. 반민족지를 지지하거나 지원할 수는 없다.

결론 3. 〈조선일보〉와 〈동아일보〉를 구독하지 말자.

이 경우 전제 1이 참이라 할지라도 현재 〈조선일보〉와 〈동아일보〉가 반민족적 신문이라는 증거를 제시하지 않는 한, 즉 위의 전제에 한정하는 한 발생학적 오류가 일어난다. 두 신문이 과거에 반민족적 신문이었을지 몰라도 그 뒤 민족지로 탈바꿈했을 수도 있기 때문에 위와 같이 추론하는 것은 잘못이다. 그럼에도 이런 식의 비난을 너무나 흔하게, 또 당연하게 하는 바람에 과거를 더 잘 캐내는 것이 훌륭한 일인 것처럼 되어버렸다. 나무는 떡잎부터 알아볼 수 없다. 떡잎은 시원치 않아도 큰 나무로 자랄 수 있으며 떡잎은 싱싱하고 좋았지만 제대로 크지 못하고 말라 죽을 수도 있기 때문이다.

지식인으로 안티조선 운동에 참여하지 않으면 반동으로 몰리는 지금의 분위기에서 나도 안티조선에 대한 입장 표명을 요구받은 적이 있다. 나는 〈조선일보〉를 여러 신문 중의 하나일 뿐이라고 생각한다. 다양한 견해를 갖는 신문들이 존재하는 것이 바람직하다. 마음에 안 들면 안 보면 되는 것이지 남이 보는 것까지 간섭할 것은 없다고 생각한다. 내 돈 내고 신문도 마음 편하게 보지 못하는 사회 분위기여서는 안 된다.

인신 공격의 오류

우리나라에 알려진 거의 유일한 오류가 바로 이 오류일 것이다. 국회의원들이 국회에서 질의나 답변을 하며 심심치 않게 싸움을 벌이는데, 그 와중에 가장 점잖게 쓰이는 무기가 인신 공격을 하지 말라는 외침일 것이다. 그런데 인신 공격의 오류에는 두 가지가 있다. 하나는 상대방 개인의 형편이나 이력을 가지고 문제와는 상관없이 공격하는 것이고, 다른 하나는 상대방이 처한 사회적 상황이나 견해를 트집 잡아 공격하는 것이다. 각각의 예를 들어보자.

인신 공격의 오류는 선거철만 되면 흔히 듣는 논증이다. 우리는 선거를 통해 정치인을 뽑는 것이지 성인군자를 뽑는 것이 아니다. 후보의 도덕적 측면보다는 정치적 이력과 능력에 초점을 맞추어 판단해야 할 것이다.

전제 1. 고길동은 첩이 있습니다. 게다가 아이까지 두고 있다고 합니다.

2. 도덕적으로 타락한 고길동을 국회로 보내서는 안 됩니다.

결론 3. 고길동을 찍어서는 안 됩니다.

국회의원 선거든 대통령 선거든 선거 때마다 흔히 듣는 논증이다. 도덕적으로 결함 있는 사람이 국회의원이 되어서는 안 된다는 말이다. 그런데 국회의원 선거가 성인군자를 뽑는 선거가 아니라 정치적으로 주민을 대표할 사람을 뽑는 선거임을 생각한다면 이것은 인신 공격의 오류이다. 물론 도덕적으로 훌륭한 사람이면 더 좋겠지만 그보다 정치적 이력과 능력에 초점을 맞추어 판단해야 한다. 첩이 있는 것과 국회의원 직무를 수행하는 능력 사이에 무슨 상관이 있는가? 프랑스의 미테랑 대통령은 대통령궁 안에 첩을 두고 몇 년을 같이 지냈지만 프랑스 국민은 상관하지 않았다. 그것은 미테랑의 사생활이고 대통령 직무 수행과 무관했기 때문이다. 사생활보다는 공직에 있으면서 뇌물을 받은 적이 있는지, 중요한 법안에 어떤 태도를 보였는지 등을 잘 보아야 한다.

그럼 정황에 의거하는 인신 공격의 예를 보자.

전제 1. 당신은 회사 대표이다.
　　 2. 회사 대표가 노조의 주장에 동의할 리 없다.
결론 3. 우리는 당신 의견에 반대한다.

대통령의 직무 수행 능력과 사생활은 무관하다. 국민은 그 사실을 인정해야 한다. 무능하고 도덕적인 대통령과 유능하지만 비도덕적인 대통령 중 누가 더 대통령 직을 수행하기에 적합한가? 미테랑 전 프랑스 대통령은 혼외정사로 얻은 딸을 엘리제 궁에 기거하게 했지만 그로 인해 어떠한 정치적 불이익도 당하지 않았다. 그는 유능한 대통령이란 평을 들었다.

노사가 어떤 사안 때문에 첨예하게 대립하고 있다고 하자. 양쪽이 주장의 합당함을 따져보지 않고 이 논증처럼 어느 쪽에 속한 사람의 주장인지만을 기준으로 삼아 반대한다면 정황에 의거한 인신 공격의 오류가 될 것이다. 이런 오류는 아주 흔하게 일어나기 때문에 오류로 인식되지도 않는 것이 보통이다. 가령 선생님이 학생을 꾸짖고 있다. 선생님은 왜 학생이 공부를 열심히 해야 하는지 열심히 얘기하는데 학생은 내심 '선생이니까 그렇게 얘기하지. 학생이면 그런 소리 하겠어.'라고 생각할 수 있다. 이때 학생은 훈계 내용에는 관심이 없고 말하는 당사자가 선생이라는 점에만 관심이 있다. 따라서 오류가 발생한다.

무관련성 오류에 속하는 비형식적 오류에는 위에 든 대중에 호소하는 오류, 발생학적 오류, 인신 공격의 오류 외에도 10여 가지가 있다. 여기서 소개한 세 가지 오류는 그중 발생 빈도가 높은 것을 고른 것인데 앞으로 사설과 칼럼을 분석하는 과정에서 다른 오류들도 살펴볼 것이다.

지금까지 살펴본 무관련성의 오류를 정리해보자.
1. 대중에 호소하는 오류
2. 발생학적 오류
3. 인신 공격의 오류

(2) 수용 가능성 오류

좋은 논증의 조건 가운데 전제의 참이 있다. 그런데 이미 말했듯이 실제로 전제의 참 거짓을 판정하기는 어렵다. 따라서 '전제의 참'이라는 개념보다는 전제의 '수용 가능성'이란 말이 더 적합하다. 즉 상식이나 개인의 경험적 증거, 더 연구하면 옹호될 수 있는 주장이나 분야의 권위 있는 보고서 등이 수용 가능한 전제가 된다. 수용 가능성 오류란 전제 자체의 오류를 말하는 것이다. 무관련성 오류나 불충분한 근거의 오류는 전제와 결론의 관계에서 발생하지만 수용 가능성 오류란 전제 자체가 잘못이라는 얘기다. 그런데 이 전제 자체의 잘못에도 두 가지가 있다. 하나는 전제 하나만을 문제 삼는 것

다시 한번 상기해보자.
좋은 논증의 조건
1. 관련성
2. 전제의 참
3. 충분한 근거
4. 반박 잠재우기

이고, 다른 하나는 전제 간의 관계를 문제 삼는 것이다. 전제 간의 관계가 문제가 되는 예부터 보자. 어머니와 아들의 대화이다.

어머니 : 애야, 어서 일어나서 밥 먹어라.

아들 : (열심히 밥을 먹는다.)

어머니 : 아니, 너 왜 반찬은 안 먹고 밥만 먹냐?

아들 : 엄마가 밥 먹으라고 했잖아요.

이 대화에서 '밥' 은 두 가지 뜻으로 사용되었다. 어머니가 말하는 '밥' 은 식사이고 아들이 말하는 '밥' 은 그냥 밥이다. 대화에서 한 단어를 서로 다른 의미로 사용한다면 논증으로 만들 경우 오류가 생길 것이다.

전제 하나가 단독으로 문제가 되는 예로 앞에 소개한 '복합 질문의 오류' 가 있다. 형사와 도둑의 대화를 보자.

형사 : 왜 훔쳤어?

도둑 : 안 훔쳤어요.

형사 : 다시 묻겠다. 왜 훔쳤어?

도둑 : 안 훔쳤다니까요.

형사 : 아니, 말귀를 못 알아듣네.

이 예화에서 형사는 복합 질문의 오류를 범하고 있다. "왜?"와 "훔쳤어?"를 동시에 묻기 때문에 도둑이 어떻게 대답하더라도 형사에게는 성의 없는 대답으로 들릴 수밖에 없다.

이 대화에서 형사의 첫 질문은 "왜?"와 "훔쳤어?"라는 두 가지 질문을 같이 하고 있기 때문에 오류가 된다. 수용 가능성 오류는 결론과는 관계없이 전제 단독 또는 전제 간의 문제이다.

이중 의미의 오류

한 논증에서 전제에 있는 하나의 단어나 어휘를 서로 다른 의미로 사용할 때 발생하는 오류이다. 즉 같은 단어나 어휘를 다른 의미로 사용하고 있음에도 불구하고 아닌 것처럼 위장하여 잘못된 결론을 이끌 때 이중 의미의 오류가 일어난다. 예를 들어보자.

언어를 잘못 해석하는 경우에 발생하는 오류에는 이중 의미의 오류, 강조의 오류, 은밀한 재정의의 오류 등이 있다.

전제 1. 인간은 모두 신이 될 수 있다.

　　　 2. 신은 영생불멸한다.

결론 3. 인간은 영생불멸할 수 있다.

어디서 많이 듣던 이야기다. 흔히 사이비 종교에서 이런 주장을 한다고 하는데, 전제 1의 '신'은 인간에 내재한 신성을 말하는 것이고 전제 2의 '신'은 종교적인 절대신을 말한다. 이처럼 같은 단어 '신'을 다른 의미로 씀으로써 '인간은 영생불멸할 수 있다'는 잘못된 결론에 이른 것이다. 인간의 영혼이 불멸할지는 몰라도 인간이 신처럼 영생불멸하지는 않을 것이다.

위에서 본 어머니와 아들의 예는 우리 집에서 실제로 있었던 일인데, '밥'이 이중의 뜻으로 쓰였다고 볼 수도 있지만 이 대화가 '강조의 오류'를 범했다고 볼 수도 있다. 즉 특정 단어나 어휘를 강조함으로써 본래의 의도에서 벗어나 잘못된 결론으로 이끌 수 있다. 예를 보자.

전제 1. 너의 어머니를 사랑하라는 말이 있다.
　　 2. 어머니를 사랑하라고 말하고 있다.
결론 3. 아버지는 사랑하지 않아도 된다.

이 논증에서 전제 2는 전제 1의 '어머니'를 강조하고 있다. 어머니를 강조함으로써 아버지를 사랑의 대상에서 빠뜨리는 잘못된 결론에 이르게 된 것이다. 흔히 '아버지 가방에 들어가신다'라는 문장을 들어 구문으로 인한 오류를 말하는데 한국어에서는 이런 오류가 잘 발생하지 않는다. 단성사에서 오랫동안 영화 간판 그림을 그렸던 사람이 들려준 얘기이다. 1950년대나 1960년대에 외국 영화는 일본을 거쳐 수입되었는데 일본에서 번역한 제목이나 선전 문구를 그대로 썼다고 한다. 그런데 〈비그이 밴드〉라는 영화를 본 사람들이 끝내 밴드가 나오지 않는다고 불평을 터뜨렸다. 나중에 알고 보니 '빅 이벤트'를 옮기는 과정에서 '빅'과 '이'가 합쳐져서 이런 촌극이 빚어졌던 것이다.

질문 구걸의 오류(순환 논증의 오류)

지금도 코미디 프로그램을 보면 1950년대와 1960년대 우리 영화를 패러디한 장면을 자주 볼 수 있다. 이른바 청춘 남녀의 '나 잡아봐라' 신이다. 여자 주인공이 풀밭을 마구 달려간다. 왜 달려가는지는 모르지만 어쨌든 여자 주인공이 웃으면서 한참을 달린다. 남자 주인공은 적절한 거리를 유지하면서 따라간다. 마음만 먹으면 금방 잡을 것 같은데 무슨 이유에서인지 천천히 뒤따라간다. 그러다 보면 별로 크지 않은 나무가 나오기 마련, 나무 주위를 한 바퀴 돈 여자 주인공은 나무를 잡고 깔깔거리며 "나 잡아봐라."를 외치고는 다시 달리다가 그만 넘어지고 만다. 돌에 발이 채인 것도 아닌 것 같은데 말이다. 뒤따라오던 남자도 여자 옆에 넘어진다. 여자와 남자는 다음과 같이 말한다.

> 여자 : 자기, 내가 자기를 얼마나 사랑하는지 물어봐줘.
>
> 남자 : 응, 자기는 나를 얼마나 사랑해?
>
> 여자 : 하늘만큼 땅만큼.
>
> 남자 : 나도 자기를 사랑해.
>
> 여자 : 아이, 행복해라.

질문 구걸의 오류는 명제에 이미 결론이 들어 있어 듣는 사람이 그 결론을 내리도록 유도하는 오류이고, 순환 논증의 오류는 결론이 전제에 이미 포함되어 있는 것을 말한다. 하지만 크게 보면 질문 구걸의 오류에 속한다.

이 대화에서 여자는 남자에게 "내가 자기를 얼마나 사랑하는지 물어봐줘."라고 질문을 구걸하고 있다. 질문을 해달라고 조르고 있는 것이다. 이 요구로 볼 때 여자의 답은 이미 나와 있다. 즉 여자는 하늘만큼 땅만큼 남자를 사랑한다는 것인데 그런 답이 나온다는 것을 남자도 이미 알고 있다. 서로 알고 있는 것을 물어달라고 하고 또 대답을 한 것이다. 연인들이 사랑을 확인하는 방법일텐데 이 경우 논리학에서는 전제와 결론이 같은 논증으로 되어 있다고 본다. 즉 전제와 결론이 사실상 같은 의미라면 형식적인 잘못은 없지만 새로운 정보를 제공하지도 못하면서 마치 이유를 제시하는 것처럼 보이게 한다는 의미에서 오류로 분류한다.

예를 들어보자. 한국 사회가 분열로 치닫고 있어 국가적 위기라고 한다. 이에 대해 다음과 같은 처방을 내린다고 해보자.

답이 뻔한 질문을 주고받는 사람들을 보고 있으면 닭살이 돋는다. "자기, 오늘 나 승진했는지 안 했는지 물어봐줘." "자기, 오늘 승진했어?" "응, 대리로 승진했어. 고마워."

전제 1. 우리 사회는 분열이 극심하다.

　　　2. 분열은 화합과 상호 이해를 통해 극복할 수 있다.

결론 3. 분열을 치유하기 위해 우리는 한 발짝 물러나 서로를 이해하고 모두가 하나로 어우러지는 사회를 만들어야 한다.

여기서 그럴듯해 보이는 결론은 사실 전제 2와 같은 뜻이다. 즉 모두가 하나로 어우러지는 것이 곧 '화합'이고 한 발짝 물러나 서로를 이해하는 것이 '상호 이해'의 의미다. 다시 말해서, 전제 2와 결론은 같은 의미인데도 불구하고 하나는 전제로 다른 하나는 결론으로 등장한다. 결론이 전제 속에 이미 들어 있는데 마치 새로운 결론을 이끌어낸 것처럼 논증을 제시하고 있다. 이러한 질문 구걸의 오류는 아주 흔하게 일어난다. 예를 하나 더 보자.

고길동 : 시민 단체는 사회 정의를 구현하는 단체야.

고민녀 : 왜 그렇게 생각해?

고길동 : 시민 단체의 강령에 시민 단체는 사회 정의를 구현한다고 씌어 있다니까.

고민녀 : 응, 그래.

이 대화를 논증으로 재구성하면 다음이 될 것이다.

전제 1. 시민 단체의 강령에 시민 단체는 사회 정의를 구현한다고 씌어 있다.

결론 2. 시민 단체는 사회 정의를 구현한다.

시민 단체가 사회 정의를 구현한다고 보는 이유를 물었는데, 시민 단체의 강령에 그렇게 씌어 있다고 말한다면 하나 마나 한 대화가 될 것이다. 앞의 영화 대사처럼 서로 뻔히 알고 있는 것을 묻고 답하는 것과 다르지 않다. 시

지금까지 수용 가능성의 오류에 대해 알아보았다. 다시 정리해보자.
1. 이중 의미의 오류
2. 질문 구걸의 오류

민 단체가 사회 정의를 구현한다는 결론을 뒷받침하기 위해서는 시민 단체가 실제로 한 일들을 보여주어야 한다. 즉 전제에 실증적인 관련 자료가 등장한다면 순환 논증의 오류를 벗어날 수 있다.

(3) 불충분한 근거의 오류

전제는 결론과 관련이 있어야 할 뿐만 아니라 결론을 받아들일 수 있을 만큼 충분하게 제시되어야 한다. 즉 전제는 결론의 참을 보장할 충분한 근거가 되어야 한다. 이것이 좋은 논증의 한 가지 조건이다. 불충분한 근거의 오류는 이 조건을 어길 때 발생한다. 일상생활의 추론에서 "그런데 뭔가 빠진 것 같지 않아?" 또는 "결정적인 증거는 아니잖아."라는 반론이 제기된다면 불충분한 근거의 오류라고 의심할 수 있을 것이다. 예를 들어, 우리나라 사람들이 프로야구를 얼마나 좋아하는지 알아보기 위해 여론 조사를 한다고 하자. 그런데 프로야구 경기장 앞에서 관람객을 상대로 이 조사를 했다. 야구 경기에는 공짜 표가 없으므로 관람객은 표를 사야만 한다. 따라서 관람객을 상대로 조사하면 80퍼센트 이상이 프로야구를 좋아한다고 대답할 것이다. 나머지 20퍼센트는 애인을 따라서 마지못해 온 사람도 있을 테고 가족 나들이로 나온 사람도 있을 것이다. 어쨌든 이런 경우 입장객 2만 명을 상대로 조사했다 해도 결과를 신뢰하기란 어렵다. 이것은 표본이 대표성이 없기 때문이다. 표본 조사에서는 표본 수뿐만 아니라 표본의 대표성도 고려해야 하는데, 다른 요소는 생각하지 않고 눈에 보이는 요소만 염두에 두었기 때문에 이런 오류가 생긴 것이다. 이런 오류를 근시안적 귀납의 오류라고 한다.

프로야구는 우리나라에서 가장 인기 있는 프로 스포츠이다. 나는 프로야구가 승률이란 개념을 우리에게 준 것이 가장 큰 업적이라 생각한다. 예전에 고교야구가 최고 인기일 때는 전국 대회는 승자 진출전이라 한 게임만 져도 바로 고향으로 내려갔다. 따라서 매번 생사 결단의 게임을 할 수밖에 없었다. 하지만 프로야구로 인해 승률 6할이면 페넌트 레이스에서 우승할 수 있게 되었다. 생사결단의 비정함이 아닌 패배를 승리의 과정으로 보는 여유로운 마음이 생기기 시작한 것이다.

근시안적 귀납의 오류

고려해야 할 여러 요소가 있음에도 불구하고 한 가지 요소만을 부각시켜 결론을 이끌어낼 때 생기는 오류이다. 가까이서는 잘 보는데 멀리 있는 것은 보지 못한다는 뜻에서 이런 이름이 붙었다. 다음의 예를 보자.

요즘 일상생활에서 빠질 수 없는 물품으로 컴퓨터를 들 수 있다. 이 유용한 컴퓨터의 첫 모습은 너무나 소박했다. 말하자면 전자 회로를 통해 자동으로 계산하거나 데이터를 처리하는 전자 계산기가 바로 컴퓨터의 원형인 셈이다. 최초의 상업용 컴퓨터는 1951년에 출시된 스페리 랜드사의 UNIVAC-I(Universal Automatic Computer)이다.

전제 1. 컴퓨터 기술은 날이 갈수록 발전한다.

       2. 기술 발전의 속도가 빠르다.

       3. 신형 컴퓨터를 사도 얼마 지나지 않아서 더 나은 컴퓨터가 나온다.

결론 4. 컴퓨터를 사지 않는 것이 좋다.

자식이 컴퓨터를 사달라고 조를 때 부모는 흔히 이런 논증을 제시한다. "야, 조금 있으면 더 좋은 게 나올 텐데 뭐 하러 지금 사냐. 조금 지나면 값이 떨어진단 말야." 이렇게 말하는 것을 자주 들을 수 있다. 하지만 컴퓨터를 사는 데 고려해야 할 요소가 가격만은 아니다. 6개월이라 할지라도 컴퓨터로 할 작업이 있고 그 작업이 충분한 보상을 준다면 신형 컴퓨터가 나올 것을 예상하고 구입하지 않는 것은 정당화되지 않는다. 앞의 프로야구 여론 조사를 논증으로 재구성해보자.

전제 1. 2만 명을 대상으로 설문 조사를 했다.

       2. 조사 결과 80퍼센트가 프로야구를 좋아한다고 한다.

결론 3. 우리나라 국민의 80퍼센트가 프로야구를 좋아한다.

이 논증의 경우 전제 1은 이상이 없다. 즉 표본이 불충분한 것은 아니다.

하지만 야구 구장 입구에서 설문 조사를 했기 때문에 근시안적 귀납의 오류를 범하고 있다. 가령 낮 시간에 집으로 전화를 해서 조사한 뒤에 '우리나라 국민의 60퍼센트는 정치에 무관심하다'고 발표한다면 이 경우도 근시안적 귀납의 오류를 범한 것이다. 응답자가 대부분 가정주부일 것이므로 표본 수가 충분하다 할지라도 표본의 대표성에 문제가 있기 때문이다. 따라서 결론을 지지할 만큼 충분한 근거라고 할 수 없다.

무지 논증의 오류

어떤 주장이 거짓이라는 증거나 증명이 없다는 이유로 그것을 참이라고 주장하거나 어떤 주장이 참이라는 증거나 증명이 없다는 이유로 그것을 거짓이라고 주장할 때 무지 논증의 오류가 발생한다. 즉 논증의 결론을 정당화하기 위한 근거로 무지를 사용한다면 결론을 정당화하기에 충분하지 않

다는 것이다. 어떤 주장이 참이라는 결론을 얻으려면 참이라는 근거를 제시해야지 참이 아니라는 근거 즉 거짓이라는 근거가 없으므로 참이라고 주장한다면 불충분하다. 무지 논증의 오류는 일상생활의 대화에서 흔히 찾을 수 있다. 다음의 대화를 보자.

이티 : 외계인이 있다고 생각해, 나는.

터미네이터 : 왜?

이티 : 외계인이 없다는 증거를 대봐. 있냐?

터미네이터 : 없지.

이티 : 거 봐. 그러니까 외계인이 있는 거야.

이 대화를 논증으로 정리해보자.

전제 1. 외계인이 존재하지 않는다는 증거는 없다.

결론 2. 외계인은 존재한다.

외계인이 존재하지 않는다는 증거가 없다는 것을 근거로 외계인이 존재한다는 결론을 내리고 있는데 이것으로는 충분하지 않다. 왜냐하면 같은 형식으로 다음과 같은 논증도 가능하기 때문이다.

전제 1. 외계인이 존재한다는 증거는 없다.

결론 2. 외계인은 존재하지 않는다.

논리학의 가능 세계론에 따르면 지구는 수많은 가능 세계 중 하나이다. 즉 다른 세계가 존재할 가능성이 있다는 것이다. 따라서 외계인의 존재도 물론 열려 있다. 이 문제에 가장 재미있고 기발하게 접근한 영화가 〈맨 인 블랙〉이다. 특히 마지막 자막이 올라올 때까지 자리를 뜨면 안 된다. 마지막 장면이 바로 이 영화의 메시지이다.

이 논증 역시 오류이다. 외계인이 존재하지 않는다는 결론에 대한 실증적 증거를 제시하지 않고 단지 그 부정을 부정하는 소극적인 근거만 제시했기 때문이다. 이런 식의 오류는 물론 피해야 하지만 가끔은 재미있고 유익한 결과를 낳을 수도 있다. 다음을 보자.

전제 1. 네가 날 좋아하지 않는다는 증거는 지난 석 달 동안 없었다.
결론 2. 너는 날 좋아한다.

이 논증이 효과를 보아 두 사람이 사랑에 빠져 좋은 결실을 맺었다면 비록 오류이기 하지만 생산적 결과를 낳았다고 할 수 있다. 하지만 무지 논증의 오류는 거의 언제나 위험한 결과를 낳는다. 정치인들의 그 흔한 논증을 다시 한번 보자.

전제 1. 우리 당의 지지도가 떨어졌다는 어떠한 증거도 없다.
결론 2. 우리 당은 많은 국민의 지지를 받고 있다.

이 논증은 지지율 하락의 증거가 없다는 것을 근거로 자신의 당의 지지율이 높다고 주장한다. 따라서 무지 논증의 오류를 범한 것이다.

결정적 증거 누락의 오류

이 오류는 결론을 지지할 결정적인 증거가 결여된 논증에서 발생한다. 여러 개의 전제를 제시했음에도 불구하고 결론의 참이나 거짓을 뒷받침할 결정적 증거가 없다면 결정적 증거 누락의 오류를 범한 것이다. 물론 어떤 것

증거라고 해서 모두 다 같은 비중의 가치를 갖는 것은 아니다. 범죄 수사의 경우 범인을 가릴 수 있는 결정적인 증거는 범행 시간일 것이다. 요즘은 DNA 감식이 수사에 결정적 근거로 많이 쓰인다고 한다. 과학의 발전에 따라 과학의 성과가 결정적 근거로서 자리매김을 더 확실하게 하는 것 같다.

을 결정적 증거로 보아야 할 것인지에 대해서는 논의의 여지가 있지만 우리는 납득할 만한 상식을 따르기로 한다. 다음의 예를 보자.

어쩌면 이브 몽탕을 모르는 이들이 있을지도 모르겠다. 이브 몽탕은 근사한 목소리로 〈고엽〉이라는 샹송을 멋들어지게 부른 샹송 가수이자 영화배우이다. 그의 모습이 궁금하다면 〈마농의 샘〉이라는 그의 유작을 보라.

전제 1. 이 아이는 이브 몽탕과 얼굴 생김새가 닮았다.

　　2. 아이의 웃는 모습은 이브 몽탕과 흡사하다.

　　3. 아이의 엄마가 이브 몽탕이 아버지라고 말한다.

　　4. 동네 주민은 이브 몽탕이 아이의 집에서 나오는 것을 본 적이 있다고 말한다.

결론 5. 이 아이의 아버지는 이브 몽탕이다.

이 논증은 실제로 제시됐을 법한 것이다. 이브 몽탕의 친자 확인 소송이 실제로 있었기 때문이다. 매우 그럴듯한 이 논증에는 그러나 결정적인 증거가 빠져 있다. 바로 유전자 일치 여부다. 친자 확인 절차에서 가장 결정적인 증거는 유전자가 일치하느냐 하는 것이다. 따라서 전제 1에서 전제 4까지는 모두 정황 증거가 될 수는 있지만 결정적 증거가 될 수는 없다. 실제로 이브 몽탕의 친자 확인 소송은 그의 시신에서 유전자를 추출하여 검사한 결과 부자간이 아닌 것으로 판명되었다. 과학이 발전하면서 결정적 증거는 많은 부분 과학에 의존하는 경향이 강해지고 있다.

결정적 증거는 사소해 보이는 문제를 해결하는 데도 영향을 끼친다. 다음의 예는 점심에 무엇을 먹을지 정하는 추론이다.

전제 1. 그 집 갈치조림은 아주 맛있다.

　　2. 또한 청결하게 조리된다.

나에게 점심 메뉴를 결정하는 데 결정적인 근거는 가격이다. 왜냐하면 돈이 없기 때문이다. 그러나 어떤 사람들에게는 음식의 맛이나 음식점의 분위기가 결정적인 근거일 수도 있다.

3. 맛있는 집으로 선정되었다.

4. 지금 시간에 가면 자리가 있을 것이다.

결론 5. 그 집 갈치조림을 먹으러 가자.

이 논증의 결론은 '그 집 갈치조림을 먹으러 가자'인데 전제 1부터 전제 4까지 모두 결론과 관련이 있으나 가격에 대한 정보는 나와 있지 않다. 보통 사람이 무엇을 먹을지 정할 때 결정적 근거가 되는 것은 가격이다. 만약 갈치조림 1인분 가격이 만 원이라면 점심 식사 비용으로는 너무 비싸므로 이 추론은 좋은 추론이라고 할 수 없을 것이다. 물론 돈에 구애받지 않는 사람에게는 좋은 논증이 될 수 있다. 그럼 다음의 추론은 어떤가?

전제 1. 박찬호는 5년 연속 10승 이상을 올렸다.

2. 방어율 5위 안에 든다.

3. 피안타율 3위 안에 든다.

4. 선발 투수 책임 수행도에서 매우 높은 평점을 받고 있다.

5. 총 투구 회수도 리그 3위 안에 든다.

결론 6. 박찬호는 메이저리그 일급 투수이다.

이 논증은 오류가 없어 보인다. 박찬호가 선발 투수를 평가하는 데 가장 중요한 요인인 선발 투수 책임 수행도, 총 투구 회수 그리고 방어율에서 일급의 평가를 받고 있기 때문이다. 승수가 적은 것은 팀의 타력이 뒷받침해주지 못했음을 말해준다. 하지만 박찬호가 일급이 아니라 메이저리그 특급 투수가 되려면 완투 게임과 완봉 게임 수가 많아야 한다. 1년에 많아야 세

번 정도 완투해서는 에이스가 되기 어렵다. 따라서 이 논증의 전제를 그대로 둔 채 결론만 '박찬호는 메이저리그 특급 투수이다' 로 바꾼다면 결정적 증거 누락의 오류를 범하는 것이 된다. 즉 다음 논증은 오류이다.

투수의 능력은 아무래도 방어율에서 판가름 난다. 세이브나 승리는 운에 달렸다고 할 수 있지만, 방어율만큼은 실력이기 때문이다.

전제 1. 박찬호는 5년 연속 10승 이상을 올렸다.

　　2. 방어율 5위 안에 든다.

　　3. 피안타율 3위 안에 든다.

　　4. 선발 투수 책임 수행도에서 매우 높은 평점을 받고 있다.

　　5. 총 투구 회수도 리그 3위 안에 든다.

결론 6. 박찬호는 메이저리그 특급 투수이다.

공통 원인 간과의 오류

이 오류는 겉으로는 인과적으로 연결된 것처럼 보이는 두 현상이 사실은 인과 관계에 있지 않고 하나의 공통 원인에 따른 두 가지 결과일 경우에 이것을 무시하거나 간과할 때 발생한다. 이런 오류가 생기는 것은 우리가 보통 시간의 선후를 기준으로 원인과 결과를 판단하는 경우가 많기 때문이다. 어떤 것이 먼저 일어나고 다른 어떤 것이 뒤따라 일어난다면 앞의 것을 원인으로 뒤의 것을 결과로 판단하기 쉬운데 반드시 그런 것은 아니다. 따라서 그렇지 않은 경우라면 오류가 발생한다. 예를 들어, '까마귀 날자 배 떨어진다'는 속담이 말하려는 바는 잘못된 원인에 속지 말라는 것이다. 까마귀가 날고 나서 바로 배가 떨어졌다고 해서 까마귀가 난 것이 원인이 되지는 않는다는 것이다. 그런데 공통 원인 간과의 오류는 이와는 조금 다르다. 즉 까마귀가 난 것이 배가 떨어진 것의 원인이 아님을 말할 뿐만 아니라 까마귀가 난

것과 배가 떨어진 것이 사실은 어떤 공통 원인으로 인해 생겨난 결과임을 지적하는 것이다. 가령 엽총 소리에 까마귀도 날고 배도 떨어진 것이라면 엽총 소리가 원인과 결과의 관계인 듯한 두 현상의 공통 원인이라는 것이다. 다음의 예를 보자.

전제 1. 고길동은 두통이 심하다.

　　 2. 두통이 심하기 전에 열이 높았다.

결론 3. 열이 두통의 원인이다.

이 논증이 옳다면 해열제로 열을 낮춰서 두통이 사라지게 할 수 있을 것이다. 하지만 열을 낮춰도 두통이 사라지지 않는다면 이 논증은 무언가 잘못된 것이다. 따라서 다음의 논증이 옳을 것이다.

전제 1. 고길동은 두통이 심하다.

　　 2. 고길동은 열이 높다.

　　 3. 두통과 열의 원인은 바이러스이다.

결론 4. 바이러스를 제거해야 한다.

이 경우 전제 3은 전제 1과 전제 2의 공통 원인을 말하고 있다. 즉 두통과 열의 공통 원인이 바이러스이므로 바이러스를 제거하면 된다. 다시 말해서 두통과 열은 원인과 결과의 관계처럼 보였지만 사실은 공통 원인인 바이러스가 일으킨 결과들이었던 것이다.

공통 원인을 찾는 것은 때때로 어렵다. 하지만 공통 원인의 가능성을 염두에 둠으로써 우리의 사고를 넓히고 사고의 수준도 높일 수 있다. 다음의 예를 보자.

청소년의 폭력화는 어른들의 폭력화의 부산물이 아닐까 생각한다. 어른들은 각종 모임과 조직에서 폭력적인 문화를 떨치지 못하면서, 청소년의 폭력화를 다른 문제에서 비롯된 것처럼 말하고 있지 않는가.

전제 1. 청소년은 폭력물에 노출되어 있다.
   2. 폭력을 다룬 만화와 영화 등이 청소년을 폭력적으로 만든다.
결론 3. 폭력물을 규제하여 청소년을 폭력에 물들지 않게 해야 한다.

신문 칼럼이나 텔레비전의 토론 프로그램에서 흔히 들을 수 있는 논증이다. 그런데 폭력물을 만드는 것과 청소년이 폭력적으로 되는 것을 낳은 공통 원인이 있을 수 있지 않을까? 즉 폭력물이 청소년 폭력화의 원인이 아니라 폭력물 제작과 청소년의 폭력화의 공통 원인으로서 어떤 문화 현상이나 흐름, 문화적 요인이 있을 수 있다는 것이다. 이것을 논증으로 만들어보자.

전제 1. 폭력물이 많이 제작되고 있다.
   2. 청소년이 폭력물에 노출되어 있다.
   3. 청소년이 폭력화되고 있다.
   4. 폭력물 제작과 청소년 폭력화는 어떤 문화적 요인 때문에 일어난다.

결론 5. 어떤 문화적 요인을 제거하자.

실제로 '어떤 문화적 요인'을 찾아내는 것은 쉬운 일이 아니다. 그렇다고 해도 공통 원인을 상정하고 실제로 이것을 찾아낼 수 있다면 문제 해결에 좀더 가까워질 수 있을 것이다.

(4) 반박 피하기의 오류

좋은 논증이 되기 위한 마지막 조건으로 반박 잠재우기가 있다. 좋은 논증이 되려면 논증 제시자가 논증의 결론에 대한 반박을 미리 제기하고 그것을 효과적으로 잠재워야 한다. 다시 말해서, 예상되는 반박이나 비판을 먼저 제기한 뒤에 그것을 자신의 주장 안에서 해소하는 것이 좋은 논증을 만드는 데 매우 중요하다. 반박 피하기의 오류는 이런 조건을 만족시키지 못할 때 발생한다. 반박을 제시하지 않거나 반론을 원천 봉쇄하거나 유머를 이용해 반론을 교묘히 피해가는 것들이 여기에 속한다. 중요한 반증이 있는데도 불구하고 고의적으로 자신에게 불리한 증거는 제시하지 않고 무시하거나 아예 반론이 불가능한 구조로 논증을 제시하고 의기양양해하기도 한다. 또는 반박하는 대신 "당신도 마찬가지야."라는 식으로 논증을 제시한 사람을 공격함으로써 논증 자체에 대한 반론을 피하는 경우도 있다.

> 어머니 : 공부 좀 해라. 공부해서 남 주냐. 뭐가 부족해서 공부를 안 해.
>
> 딸 : …….
>
> 어머니 : 그렇게 공부를 못하니 한심하다.
>
> 딸 : (하도 오랫동안 시달린 결과) 그러는 엄마는 공부 잘했어요?

지금까지 알아본 불충분한 근거의 오류의 종류를 정리해보자.
1. 근시안적 귀납의 오류
2. 무지 논증의 오류
3. 결정적 증거 누락의 오류
4. 공통 원인 간과의 오류

이 예화에 등장하는 어머니가 딸이 범한 오류를 알고 있었다면 이렇게 말했을 것이다. "내가 공부를 못했다고 너도 공부를 못한다는 거니? 그건 피장파장의 오류야!" 오류를 열심히 익혀서 똑소리나는 부모가 되자!

어머니 : 그래, 잘했다.

딸 : 이모가 그러는데 공부 못했다는데요.

어머니 : 뭐라고!

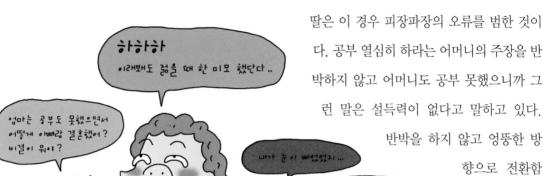

딸은 이 경우 피장파장의 오류를 범한 것이다. 공부 열심히 하라는 어머니의 주장을 반박하지 않고 어머니도 공부 못했으니까 그런 말은 설득력이 없다고 말하고 있다. 반박을 하지 않고 엉뚱한 방향으로 전환함으로써 반박 자체를 피하고 있는 것이다. 다시 말해서, 딸은 왜 공부를 하지 않는지 말함으로써 어머니의 말을 반박해야 하는데 어머니의 주장 자체에 대해서는 반박하지 않고 어머니도 공부를 못했다는 점을 말함으로써 어머니의 주장을 무력화시키려 한다. 이와 같은 일은 시사 토론회에서 늘상 있는 일이다. 사람들은 흔히 "어떻게 당신이 그런 주장을 할 수 있느냐. 당신도 옛날에 중앙정보부에서 온갖 나쁜 짓 많이 했지 않아."라는 식으로 말한다. 그러나 아버지가 도둑이라 할지라도 아들에게 도둑질하지 말라고 말할 수 있고 아들은 누가 이런 말을 했는지를 따지지 말고 과연 그 말 자체가 옳은지를 따져야 한다. 그리고 내용이 옳지 않다고 생각되면 반론을 제기해야 한다. 지금 우리의 토론 문화를 보면 많은 사람들이 피장파장의 오류를 범하고 있다. 나도 이것을 실감했는데, 한국에 대해 비판하면 "당신도 한국인인데 그럴 수 있느냐."고 항의하는 사람들이 많았다. 나는 언제나 주장 자체를 봐달라고 말한다. 그리고 그 주장에 반론을 제기해달라고 주문한다.

이와는 조금 다르게 의도적으로 불리한 증거를 제시하지 않는 경우가 있다. 불리한 증거를 의도적으로 무시하는 반증 무시의 오류를 보자.

반증 무시의 오류는 논증의 결론에 불리하거나 결정적으로 결론을 뒤엎을 수 있는 증거를 논증 제시자가 일부러 무시하거나 누락하는 경우에 발생한다.

반증 무시의 오류

이 오류는 논증의 결론에 불리하거나 결정적으로 결론을 뒤엎을 수 있는 증거를 논증 제시자가 일부러 무시하거나 누락하는 경우에 발생한다. 즉 자신의 결론을 옹호하거나 지지할 수 있는 전제만 제시함으로써 읽는 사람을 오도하는 경우이다. 논증 제시자는 자신의 전제에는 거짓이 없으며 또 전제에서 결론을 도출하는 과정에 잘못이 없기 때문에 결론을 받아들이는 데 아무런 문제가 없다고 말한다. 하지만 결론을 뒤엎을 만한 증거가 있음에도 불구하고 이를 제시하지 않는 것은 분명히 오류이다. 보통의 경우 항상 결론에 유리한 전제만 존재하는 것은 아니다. 불리한 증거와 유리한 증거는 언제나 함께 존재하는 법이므로 어떤 주장을 하든 반증이 될 만한 증거도 함께 제시해야 더 설득력 있는 논증이 될 것이다.

우리나라에서는 결혼에 집안의 입김이 너무 센 것 같다. 부모의 '승인'을 둘러싼 드라마가 끊이질 않는데 이해하기 어렵다. 결혼의 당사자는 자신의 인생에 책임을 질 수 있는 성인이므로 부모에게는 조금 야속하지만 '통고'만 하면 된다. 부모의 입김이 센 것은 결혼 비용과 집 장만에 드는 돈을 부모가 내기 때문이 아닐까.

전제 1. 고길동은 서른이다.
　　　 2. 그는 돈이 많고 안정된 직장을 갖고 있다.
　　　 3. 그는 여자에게 매우 친절하다.
　　　 4. 그는 매우 건강하다.

결론 5. 고길동은 너의 신랑감으로 적격이다.

이 논증은 매우 그럴듯해 보인다. 고길동은 젊고 돈 많고 안정된 직장을 가졌을 뿐만 아니라 여자에게 친절하며 몸도 건강하다. 전제 모두가 참이라고 할 때 결론이 참이 될 가능성은 매우 높아 보인다. 하지만 고길동이 이혼을 했다면 결론에 불리한 증거로 작용할 수도 있다. 물론 이혼한 사실이 결론에 아무런 영향을 미치지 않을 수도 있지만 반대의 가능성도 있는 것이다. 상식적으로 영향을 미친다고 생각되는 것은 결론에 불리할지라도 제시해야 한다. 의도적으로 반증을 누락하거나 무시한다면 오류가 된다. 상식뿐만 아니라 개인적 취향도 문제가 된다. 만약 고길동이 대머리이고 대머리라면 질색인 여자에게 위의 논증을 제시했다면 반증 무시의 오류가 될 것이다. 즉 고길동이 대머리인 사실을 알고도 말해주지 않았다면 이 경우에 한해서 반증 무시의 오류가 된다. 보통 중매쟁이는 좋은 점만 말해주기 때문에 이 오류를 범하기 쉽다. 중매쟁이가 정직하다면 아마 영업이 잘 안 될 것이다. 어떤 점에서 반증 무시의 오류가 중매쟁이의 영업을 도와주는 셈이다. 하지만 오류는 어디까지나 오류이다.

휴대 전화 광고도 반증 무시의 오류를 범했다고 볼 수 있다. 휴대 전화가 여러 가지로 편리한 것은 사실이지만 전자파로 인한 뇌암 발생 가능성도 제기되고 있다. 휴대 전화 판매 업체는 애당초 이런 위험을 알고 있었지만 소비자에게 알리지 않았다. 휴대 전화 매출에 치명적인 영향을 줄 수 있기 때문이다. 이에 대한 논의는 이제 법정으로 넘어가 있다. 우리나라 경제에 대한 정부와 야당의 공방도 비슷한 경우다. 정부가 제시하는 통계와 자료에 따르면 우리나라 경제는 걱정하지 않아도 될 것처럼 보인다. 그러나 야당이 제시한 자료를 보면 현 경제는 난국이다. 이런 경우 자신에게 불리한 자료나 통계는 은폐하는 것이 보통이다.

이와는 달리 반론 자체를 원천 봉쇄하는 오류가 있다. 반론의 근원을 틀어막는다는 의미에서 우물에 독 뿌리기의 오류라는 이름을 붙였다.

우물에 독 뿌리기의 오류

우물에 독을 뿌리면 우물물을 먹는 사람은 모두 죽는다. 이렇게 아예 물을 마실 수 없도록 막는 것처럼 어떤 논증을 읽었을 때 논증의 구조가 반론을 제기할 수 없도록 되어 있다면 우물에 독 뿌리기의 오류를 범한 것이다.

다음의 예를 보자. 아주 비장한 논증이다.

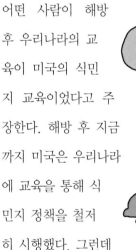

어떤 사람이 해방 후 우리나라의 교육이 미국의 식민지 교육이었다고 주장한다. 해방 후 지금까지 미국은 우리나라에 교육을 통해 식민지 정책을 철저히 시행했다. 그런데 그렇지 않다고 주장하는 사람들이 있다.

하지만 바로 그렇게 주장하는 사람 즉 미국의 식민지 교육은 없었다고 주장하는 그 사람이 바로 미국 식민지 교육의 성공을 보여주는 사례이다. 다시 말해서 미국의 식민지 교육이 하도 교묘해서 우리가 의식하지 못할 정도라

해방 후 우리나라 교육은 형식으로는 미국 교육을, 내용으로는 일본 교육을 흉내냈던 것 같다. 미국에서 공부한 각종 교육학 박사들이 미국의 자유 교육을 이 땅에 심으려 했지만 결국 실질적인 내용은 일본의 주입식 교육이었다. 미국과 일본 교육의 나쁜 점만 따온 것이 우리 교육 같다.

는 것이다. 이 논증을 읽고 그렇다고 동의하면 식민지 교육론에 동의하는 것이고, 그렇지 않다고 반박하면 미국의 식민지 교육의 성공 사례가 되고 만다. 이런 식의 논증이라면 반론 제기가 원천적으로 불가능하다. 결론을 부정하면 결론에 동의하는 꼴이 되기 때문이다. 이를 논증으로 정리해보자.

전제 1. 해방 후 우리나라의 교육은 미국 식민지 교육이었다.
  2. 이런 사실을 부정하는 사람은 미국 식민지 교육의 성공 사례이다.
결론 3. 동의하든 부정하든 미국 식민지 교육을 인정하게 된다.

마지막으로 알아본 반박 피하기의 오류를 정리해보자.
1. 반증 무시의 오류
2. 우물에 독 뿌리기의 오류

이 논증에서 문제가 되는 것은 전제 2이다. 즉 전제 1을 부정하는 사람은 오히려 전제 1을 공고히 하는 증거가 된다는 명제가 우물에 독을 뿌리는 것이 된다. 전제 1을 주장하려면 구체적 사례를 증거로 내세워 정당성을 높이면 되는데 예상되는 반론을 원천 봉쇄함으로써 오류가 생긴 것이다. 어떤 주장이든 반론의 가능성을 남겨둬야 하고 가능한 반박을 어떻게 해소할 수 있는지를 보여야 반박 잠재우기가 될 것이다.

지금까지 네 가지 범주에서 오류를 알아보았다. 그러나 억지로 범주를 구분해서 암기할 필요는 없다. 이 책이 논리학의 셈본임을 상기하자.

지금까지 네 가지 범주로 나누어 오류를 살펴보았다. 해당 범주에 속하기에는 어색한 오류도 있었을 것이다. 그럼에도 불구하고 각 범주마다 몇 개의 오류를 소개한 것은 오류 개념을 명료하게 하는 데 도움을 주기 위해서다. 그러므로 어떤 오류가 어떤 범주에 속하는지 크게 신경 쓸 필요는 없다. 중요한 것은 네 범주로 크게 오류를 분류할 수 있으며 우리는 이것으로 충분히 오류를 분석할 수 있다는 것이다.

이 책이 논리학의 셈본이라는 것을 상기해보자. 셈본에서 이차 방정식을 익힐 필요는 없을 것이다. 덧셈, 뺄셈, 곱셈, 나눗셈의 네 가지 연산을 익히는 것으로 충분하다. 문제는 연산을 어느 정도 확실하게 자신의 기술로 만들어 유용하게 사용하느냐 하는 것이다. 내 것으로 만들어 쓸모 있게 활용하기 위해, 이제 신문의 사설과 칼럼을 심층적으로 분석하여 오류를 지적해보자.

6장 | 오류 분석

이제 실전에 뛰어들 차례다. 칼럼과 사설을 읽고 오류를 찾아보자. 셈본을 배우는 목적이 실제 셈을 하는 데 있듯이 이 책에서 오류론을 배우는 목적은 일상에서 매일 접하는 칼럼과 사설을 읽는 법을 배워 제대로 읽는 데 있다. 제대로 읽기 위해서는 글에 잘못은 없는지, 있다면 무엇이 잘못인지를 따져보아야 한다. 하지만 오류 분석은 글 밖에 있는 잘못을 찾는 일과는 거리가 멀다. 즉 필자가 누구인지 필자의 이력이 어떠했는지 필자의 성향이 어떤지에 대해서는 관심을 갖지 않는다. 단지 글만을 분석 대상으로 삼을 뿐이다. 또 글의 내용을 평가하지도 않는다. 즉 글의 내용이 좋다거나 진보적이라든가 보수적이라든가 하는 평가를 내리지 않는다. 글의 내용에 대한 평가는 오류 분석의 관심사가 아니다. 다만 글의 내용이 문제가 된다면 전제의 참을 따질 때 과연 수용 가능한지 논하는 데 한정해서 문제 삼을 것이다. 그것도 사상 성향과는 무관하며 상식과 경험에 따라 따져볼 뿐이다. 여기서 검토하고 분석하려는 것은 여러 칼럼과 사설이 과연 논리학적으로 좋은 논증의 조건을 갖추고 있느냐 하는 것이다. 물론 논란의 여지가 있을 수 있겠지만 기본적으로 형식적인 작업에 속하므로 분석이 제대로 된다면 염려할 것은 없다. 그럼 어떤 단계를 밟아 오류를 분석할 것인가? 우선 주어진 글을 논증으로 재구성하고 이것을 자료로 하여 앞에서 세웠던 기준을 적용할 것이다. 오류 찾기는 네 가지 오류 즉 무관련성의 오류, 수용 가능성 오류, 불충분한 근거의 오류, 반박 피하기의 오류를 중심으로 한다.

그리고 독자의 이해를 돕기 위해서 분석할 사설과 칼럼에 평점을 매겨볼

이 책에서 오류론을 배우는 목적은 일상에서 매일 접하는 칼럼과 사설을 읽는 법을 배워 제대로 읽는 데 있다. 제대로 읽기 위해서는 글에 잘못은 없는지, 있다면 무엇이 잘못인지를 따져보아야 한다.

관련성	전제의 참	충분한 근거	반박 잠재우기	평점
3점	3점	3점	1점	10점

것이다. 필자들과는 전혀 친분 관계가 없음을 미리 밝힌다. 단지 글만을 분석 대상으로 해서 위에서 배운 네 가지 좋은 논증 조건의 기준에 충실할 것이다. 배점은 10점을 만점으로 해서 관련성 3점 + 전제의 참 3점 + 충분한 근거 3점 + 반박 잠재우기 1점으로 한다. 반박 잠재우기의 배점이 낮은 이유는 사설이나 칼럼은 지면이 한정되어 있어 이 조건을 만족하기 어렵고 또 우리 사회에서 반박 잠재우기는 아직 낯설기 때문이다. 그런데 전제가 모두 결론과 관련이 있다 해도 관련성이 반드시 3점이 되는 것은 아니다. 의미 있는 전제가 아닐 경우 감점도 있다. 다른 범주도 물론 마찬가지다. 예상보다 평점이 낮을 수도 있겠지만 이것은 어디까지나 좋은 논증의 조건이라는 면에서 평가한 것이다. 네 편의 사설과 칼럼을 자세히 뜯어보자.

정부의 착시 교정을

지독히 바라면 '헛것'이 보인다는데 유식한 말로는 '착시'라고 부른다. 채플린의 영화 〈골드 러시〉의 한 장면처럼 굶주린 사람의 눈에는 상대가 통닭으로 비치기도 한다. 지난 20일 본지 1면 '중국이 한국보다 더 자본주의적'이란 기사를 훑다가 나는 대뜸 헛것을 보았다고 생각했다. 그것이 다른 사람도 아닌 진념 부총리의 말이라니 무엇인가 헛 본 것이 틀림없고, 그래서 '내가 벌써……'를 되뇌며 나이 탓만 거듭했다. 그런데 어느 조찬 강연에서 실제로 그런 얘기를 했고, 더구나 분위기에 들뜬 돌출 발언이 아니라 평소 벼르던 말을 털어놓았으리라는 평이어서 일단 나이 걱정은 덜게 됐다.

중국이 한국보다 더 자본주의적이란 부총리의 지적은 전후 맥락을 살피건대 중국보다 '덜 자본주의적'인 한국을 겨냥한 것이었다. 더 자본주의적인 것과 덜 자본주의적인 것의 우열에 대한 가치 판단은 일단 보류하기로 하자. 그놈의 '색깔'이 스미면 도통 얘기를 망치니 말이다. 아무튼 더 자본주의적인 근거의 하나로 부총리는 기업 내부의 급여가 10배 이상 차이 나는 점을 앞세웠다. 그러나 그 정도의 격차는 한국 기업에도 흔하므로 새삼스럽게 중국의 '통닭'이 부러울 것이 없다. 그의 불평은 오히려 '전향한' 사회주의 국가 중국조차 이런 불평등을 견디는데, 자본주의 '순종의' 한국에서는 특유의 균등 의식이 나라 경제의 덜미를 잡는다는 것이었다. 그렇다면 언제 닥칠지 모르는 해고 불안에 떠는 근로자들과, 실질금리가 영(零)에 가까운데도 투자를 꺼리는 기업들에 조용히 물어보라. 우리 경제가 이 모양 이 꼴로 뒤처진 것이 과연 중국처럼 임금 격차가 심하지 않기 때문인지를. 다른 하나의 근거로 중국에는 외국 자본 진출을 국부 유출로 몰아붙이는 '매판자본' 논란이 없다는 점을 들고 있다. 매판(買辦)은 18세기 중국 주재 외국 영사관과 상사들이 부리던 현지 고용인으로 대개 외세의 앞잡이 노릇을 했었다. 그러니까 매판의 본토 중국에도 외자 시비가 없는데, 한국에서는 외환 위기 직후 사그라지는 듯하던 국부 유출 비판이 다시 일어난다는 것이 부총리의 불만이다. 이번 '통닭'은 매판인데, 이렇게 되면 꽤나 중증이다. 세계화 시대의 자본은 활동에 제약이 없으므로 굳이 매판을 필요로 하지 않는다. 혹시 필요한 것이 있다면 '매판정부'일지 모른다. 동아시아를 초토로 만든 국제 투기 자본이 중국을 굴복시키지 못한 이유를 폴 크루그먼은 위안(元)화의 비교환성에서 찾는다. 한바탕 휩쓸고 싶어도 자유로 바꿀 수가 없으니 바라만 보고 말았다는 말씀인데, 이것이 내 얘기라면 무식의 표본이라고 박장대소를 했을 것이다. 그러나 진실은 의외로 '허름한' 것이었고, 그 허름한 진실이 금융투기로부터 중국을 지켜준 안전장치가 되었다. 외자가 들어와 또 하나의 삼성전자와 포항제철을 세운다면 무엇이 걱정이랴? 세우는 대신 집어삼키기에 매판 걱정이 첩첩한 것이다.

"덩샤오핑(鄧小平)이 30년 먼저 태어났다면 한국이 설 땅이 없었을 것"이라는 자탄이나 "중국은 빛의 속도로 변하며 '세계의 공장'으로 변신하는 중"이란 부총리의 초조감을 나는 십분 이해한다. 그러면서도 그의 착시는 염려하지 않을 수가 없다. 그는 "우리 산업의 경쟁력을 획기적으로 개선하지 못하면 5~10년 뒤 우리 경제의 위상을 어디서 찾아야 할지 소름이 끼친다"고 토로했다. 개발 독재 정권에서 문민 정부를 거쳐 오늘 국민의 정부까지 온갖 요직을 두루 거친 그가 우리 경제의 장래에 소름이 끼친다면, 그의 정책을 믿고 따라가는 국민은 어쩌란 말인가?

우리나라에는 특유의 균등 의식이 있어 보이는데 부모는 자식이 능력이 없다는 것을 인정하지 않으려 한다. 즉 다른 아이와의 능력의 차이를 애써 무시하고 끝까지 대학에 보내려 한다. 또한 부자도 존경하지 않는데 내심으로는 나와 다른 게 뭐가 있나라고 반문한다. 남이 자신보다 잘난 것은 운이 좋거나 부모를 잘 만나서 그런 것이지 능력의 차이라고는 좀처럼 생각하지 않는 경향이 있다.

재정경제부는 1998년 2월 28일에 재정경제원에서 개편된 행정기구이다. 주로 경제, 조세, 국고, 금융 등에 관련한 정책들을 개발, 입안, 조정한다. 좀더 자세히 알고 싶다면 재정경제부 홈페이지 www.mofe.go.kr을 방문해보시길……. 아, 주기적으로 주요 경제 이슈 10선을 선정해서 자세히 설명해주는 유익한 코너도 있다.

부총리의 힘과 권한을 가지고도 기껏 개선 타령이나 하고 앉았다면, 나라 경제는 대체 어찌 되는 것인가? 다른 사람은 다 해도 그가 그런 말을 해서는 안 된다.

부총리가 못한다면 누가 하겠는가? 통닭처럼 마음대로 구워지지 않는(?) 정치권의 행태가 그로서는 아주 불편할 것이다. 그러나 마음대로 구워온(!) 재계도 그를 향해 "도와주지 않아도 좋다. 제발 발목만 잡지 말라"고 한 맺힌 소리를 토해낸다. 중국에서 배울 것은 임금 격차도 매판자본도 아니다. 세계화 강요의 살벌한 생존 경쟁에서 살아남을 궁리이고, 그것은 정부와 기업이 손잡고 짜내야 한다. 여기 시급한 것이 정부의 착시 교정이다.

〈중앙일보〉 2001년 7월 27일

약간은 어려워 보이는 이 칼럼은 논쟁적이다. 중국이 한국보다 더 자본주의적이라는 진념 부총리의 발언을 논박한 뒤에 경제의 어려움을 헤치고 나오기 위해 중국에서 배울 것은 세계화 강요의 살벌한 생존 경쟁에서 살아남을 궁리이고, 그것은 정부와 기업이 손잡고 짜내야 한다는 결론을 내리고 있다. 칼럼은 사실상 두 부분으로 되어 있는데 하나는 진념 부총리 발언에 대한 반박이고, 다른 부분은 경제 난국의 해법이다. 논증으로 구성해보자.

문제는 중국은 전통적으로 한반도를 자신의 영토로 여겨왔다는 것이다. 중국은 베트남도 자신의 영토로 여겨왔는데 베트남이 통일되자 침공했다. 강대국 중국이 한반도 통일 후 어떤 행동을 취할지는 예측하기 어렵지만 우리에게 좋지는 않을 것이다.

〈가〉

전제　1. 진념 부총리가 중국이 한국보다 더 자본주의적이라고 말했다.

　　　2. 첫째 이유는 기업 내부의 급여가 10배 이상 차이 난다는 것이다.

　　　3. 둘째 이유는 중국에는 외국 자본 진출을 국부 유출로 몰아붙이는 '매판자본' 논란이 없다는 것이다.

　　　4. 첫째 이유에 동의할 수 없는데 우리나라에도 그 정도의 격차는 흔하며 우리 경제의 어려움은 임금 격차에 있지 않다.

5. 둘째 이유에 동의할 수 없는 이유는 세계화 시대에 자본의 활동은 제약받지 않으므로 매판이 필요 없다는 것이다. 외자가 들어와 기업을 세운다면 아무 문제가 없으나 세우는 대신 집어삼키므로 걱정거리가 된다.

6. 따라서 중국이 한국보다 더 자본주의적이라는 진념 부총리의 발언을 수긍할 수 없다.

7. 개발 독재에서 문민 정부를 거쳐 오늘의 국민의 정부까지 온갖 요직을 두루 거친 진념 부총리는 우리 산업의 경쟁력을 획기적으로 개선하지 못하면 5~10년 뒤 우리 경제의 위상을 어디에서 찾아야 할지 소름이 끼친다고 말해서는 안 된다.

8. 재계는 정부에게 발목만 잡지 말라고 요구한다.

결론 9. 중국에서 배울 것은 세계화 강요의 살벌한 생존 경쟁에서 살아남을 궁리이고, 그것은 정부와 기업이 손잡고 짜내야 한다.

최대한 호의적으로 논증을 재구성하고 숨은 전제도 찾아내 보완해서 이 칼럼을 분석해보자.

앞에서도 지적했듯이 남의 글을 분석할 때에는 최대한 호의적으로 논증을 재구성해야 한다. 그런 다음 숨은 전제를 찾아내 논증을 보완해야 한다.

관련성

이 논증은 두 개의 소논증으로 되어 있다. 전제 1에서 전제 6까지가 첫째이고, 둘째 소논증은 전제 6에서 결론 9까지이다. 첫째 소논증의 결론인 전제 6은 다음 소논증의 전제의 하나로 쓰인다. 두 개의 소논증은 크게 다음과 같이 구성해볼 수 있다.

〈나〉

전제 1. 진념 부총리가 중국이 한국보다 더 자본주의적이라고 말했다.

2. 첫째 이유는 기업 내부의 급여가 10배 이상 차이 난다는 것이다.

3. 둘째 이유는 중국에는 외국 자본 진출을 국부 유출로 몰아붙이는 '매판자본' 논란이 없다는 것이다.

4. 첫째 이유에 동의할 수 없는데 우리나라에도 그 정도의 격차는 흔하며 우리 경제의 어려움은 임금 격차에 있지 않기 때문이다.

5. 둘째 이유에 동의할 수 없는 이유는 세계화 시대에 자본의 활동은 제약받지 않으므로 매판이 필요 없다는 것이다. 외자가 들어와 기업을 세운다면 아무 문제가 없으나 세우는 대신 집어삼키므로 걱정거리가 된다.

결론 6. 중국이 한국보다 더 자본주의적이라는 진념 부총리의 발언을 수긍할 수 없다.

〈다〉

전제 1. 중국이 한국보다 더 자본주의적이라는 진념 부총리의 발언을 수긍할 수 없다.

2. 개발 독재에서 문민 정부를 거쳐 오늘의 국민의 정부까지 온갖 요직을 두루 거친 진념 부총리는 우리 산업의 경쟁력을 획기적으로 개선하지 못하면 5~10년 뒤 우리 경제의 위상을 어디에서 찾아야 할지 소름이 끼친다고 말해서는 안 된다.

3. 재계는 정부에게 발목만 잡지 말라고 요구한다.

결론 4. 중국에서 배울 것은 세계화 강요의 살벌한 생존 경쟁에서 살아남을

매판자본이란 말은 단어에서 느껴지듯이 조금은 기분 나쁜 말이다. 예속자본이라고도 하는데, 후진국 등에서 외국의 자본과 결탁해 자국민의 이익을 억압하는 토착자본을 말한다. 그러나 이 매판자본이라는 말은 시대마다, 그리고 입장마다 조금씩 다르게 해석되고 있다.

궁리이고, 그것은 정부와 기업이 손잡고 짜내야 한다.

우선 논증 〈다〉를 보자. 중국에서 배울 것이 정부와 기업이 손잡고 생존 경쟁에서 살아남을 궁리라면 논증 〈나〉의 전제 1은 이 논증과 무슨 관련이 있는가? 즉 한국이 중국보다 더 자본주의적이라는 것과 생존 경쟁에서 살아남을 궁리를 찾는 것은 무슨 관련이 있는가? 중국이 한국보다 더 자본주의적이고 앞선 체제라면 중국이 우리의 궁리를 찾는 데 모범 사례가 될 수도 있겠으나 필자가 보기에 중국은 한국보다 자본주의가 발달한 나라가 아니다. 그런데 어떻게 우리의 생존 전략을 짜내는 데 도움이 되는지 모르겠다. 전제 2는 진념 부총리가 한국 경제를 비관하지 말고 대책을 내놓으라는 요구인데 경제 부총리가 경제 전반에 걸친 위기감을 각성시키고 경쟁력의 획기적 개선을 촉구하는 것이 생존 전략과 왜 무관한지 알기 어렵다. 필자는 부총리가 그런 말을 해서는 안 되고 대책을 내놓으라고 요구한다. 대책을 강구하자는 것은 필자의 주장이기도 한데 왜 부총리가 같은 말을 해서는 안 되는지 이해하기 어렵다. 더욱이 필자는 진념 부총리가 "개발 독재에서 문민 정부를 거쳐 오늘날 국민의 정부까지 온갖 요직을 두루 거친" 사람으로서 그런 말을 해서는 안 된다고 하는데 이것은 인신 공격의 오류다. 즉 누가 말했는지가 아니라 발언의 내용을 문제 삼아야 하는데 '당신은 그런 말 할 자격 없어'라는 식으로 말하는 것은 인식 공격의 오류, 더 정확히는 정황에 호소하는 오류가 된다.

전제 3은 재계가 정부에게 발목을 잡지 말아달라고 호소한다는 것인데 필자는 사실 이 말을 하고 싶은 것 같다. 즉 정부가 재계를 압박하거나 간섭하지 말고 풀어주라는 주장을 하고 싶은 것으로 보인다. 하지만 전제 3이 결론

다시 한번 인신 공격의 오류를 정리해보자. 무관련성의 오류 가운데 하나인 인신 공격의 오류는에는 두 가지가 있다. 하나는 상대방 개인의 형편이나 이력을 가지고 문제와는 상관없이 공격하는 것이고, 다른 하나는 상대방이 처한 사회적 상황이나 견해를 트집 잡아 공격하는 것이다.

사실 나는 '자본주의'라는 심각한 용어를 이해하지 못하고 있다. 주로 자본주의의 병폐를 말하는 것을 들었을 뿐 자본주의의 좋은 점에 대해서는 들은 기억이 별로 없다. 그냥 '자본'이 중심이 된다는 뜻인가? 자본은 돈만 말하는 것인가? 아니면 무형의 것도 포함하는가? 포함한다면 자본주의는 별로 병폐가 없어 보이는데.

대우 자동차의 경영권을 미국 제너럴 모터스에 인수해야 하느냐, 아니면 독자 생존을 꾀해야 하느냐로 갈팡질팡하던 대우 자동차 매각 협상이 지난 9월 21일 제너럴 모터스가 매각하는 쪽으로 결정되었다.

과 관계가 있는가는 이와는 다른 문제인데, 관련이 있어 보인다. 왜냐하면 살아남을 궁리를 하려면 정부와 재계가 대등한 입장에서 해결책을 모색하는 것이 더 낫기 때문이다. 즉 세 가지 전제 가운데 전제 1과 전제 2는 관련이 없어 보이고 전제 3은 관련이 있어 보인다. 점수는 1점이다.

이번에는 논증 〈나〉의 전제 1에서 전제 6까지를 따져보자. 이 논증식은 진념 부총리의 발언을 수긍할 수 없음을 증명하는 것이다. 관련성뿐만 아니라 다른 기준도 모두 적용해서 검토해보자. 필자의 반박은 전제 4와 전제 5인데 전제 4는 수긍할 수 있다. 임금의 격차가 자본주의의 척도는 물론 아니며 필자가 말한 대로 부총리는 "자본주의 '순종의' 한국에서는 특유의 균등 의식이 나라 경제의 덜미를 잡는다는 것"을 불평했을 것이다. 전제 5는 외국 자본의 한국 진출은 매판이 아니며 대신 외자가 우리의 기업을 집어삼키는 것을 우려한다는 주장이다. 그런데 필자도 말하고 있듯이 진념 부총리가 말하는 '매판'은 '국부 유출'의 의미이다. 따라서 문제는 과연 외자 유치 또는 외국 기업의 한국 기업 인수가 국부 유출인가 하는 것이다. 필자는 외자가 또 하나의 삼성전자나 포항제철을 세운다면 문제가 없으나 세우는 대신 집어삼키는 것이 문제라고 주장한다. 하지만 외자가 포항제철을 인수하는 것과 포항제철과 같은 공장을 세우는 것의 차이점이 무엇인지 이해하기 힘들다. 결국 인수를 하든 창립을 하든 주인은 외국인이고 우리는 현지 고용인일 텐데 무엇이 다른가? 대우 자동차가 결국 미국의 제너럴 모터스에 넘어갔는데 이 경우 제너럴 모터스가 직접 우리나라에 자동차 공장을 세우는 것과 다른 점이 무엇인가? 같은 기업을 외국 기업은 1960년대부터 계속해서 우리나라에 공장을 설립하거나 인수하면서 사업을 해왔다. 그때는 고용 창출 효과, 외자 유치, 수출 기여 등으로 찬양했던 것 같은데 지금 와서 평가가 달라질 이유는 없을 것이다. 지금 문제가 되는 것은 국가의 기반 산업이 외국인 손에 넘어가는 것이다. 즉 한국전력이나 한국통신, 상하수도 등을 외국에 팔려고 하니 국부 유출의 문제가 생기는 것이지 사기업의 영역에서는 별로 발생하지 않는다. 중국도 국가 기반 산업이 외국인 손에 넘어간다면 우리와 같은, 아니 우리보다 훨씬 심각한 국부 유출 문제가 불거질 것이다. 따라서 전제 5는 수긍하기 어렵다.

결론인 전제 6의 근거가 되는 전제 4와 전제 5는 튼실한 근거가 못 된다. 즉 전제 4는 수긍할 수 있다 해도 전제 5는 논의의 여지가 아주 많은 주장이다. 즉 전제 5의 참이 의심받고 있으며 따라서 결론을 지지할 만큼 충분한 근거가 되지 못한다. 중국이 한국보다 더 자본주의적이라는 진념 부총리의 주장은 설득력이 없다. 하지만 그것을 반박하는 이 칼럼의 논리 역시 허약하다. 이제 논증 〈다〉만을 가지고 다음의 기준들을 적용해보자.

전제의 참

전제 6은 논증 〈나〉의 결론인데 위에서 보았듯이 정당화의 정도가 낮다. 전제 7은 앞서 지적한 대로 인식 공격의 오류이고, 전제 8은 재계의 입장을 소개하는 것일 뿐 정당화의 근거를 제시하고 있지 않다. 하지만 재계가 정부에게 발목만 잡지 말라고 요구하는 것은 사실로 보이므로 근거를 제시하지 않을지라도 참으로 수용할 수 있다. 즉 전제 6은 의심스럽고 전제 7은 오류이며 전제 8은 참으로 수용될 수 있다는 얘기이다. 점수는 1.5점이다.

충분한 근거

전제 6, 7, 8은 결론 9의 충분한 근거가 되는가? 결론을 지지할 결정적 근

반세계화 시위가 곳곳에서 벌어지고 있다는 뉴스를 자주 접하게 된다. 즉 세계화란 미국화를 의미하므로 획일화의 위험과 함께 미국에 의한 세계 지배의 부당성을 경고하고 있다. 재미있는 점은 우리나라의 시민단체는 외국에서 열리는 반세계화 시위에 그다지 참여하고 있지 않다는 것이다. 내가 못 들었나? 우리가 미국과 한편이라고 착각해서 그런가?

거가 있느냐 하는 것이 관건이다. 결론은 세계화 시대에 살아남을 궁리를 해야 한다는 것인데, 왜 그래야 하는지가 전제에 등장해야 한다. 특히 중국에서 세계화를 강요하는 살벌한 생존 경쟁에서 살아남을 궁리를 배워야 하는 이유가 나와야 할 것이다. 전제 6은 중국이 우리보다 더 자본주의적이라는 진념 부총리의 발언은 옳지 않다는 것인데 이것이 생존 전략 수립의 근거가 되는지 의심스럽다. 전제 7은 진념 부총리는 우리 경제를 비관적으로 전망하는 얘기를 해서는 안 된다는 것인데 이것이 결론과 관련이 있을 수는 있다. 즉 비관적 전망을 말하지 말고 대책을 수립해야 한다는 의미에서 관련이 있을 수 있지만 결론을 지지할 만큼 충분하다고 보기는 어렵다. 우리가 알고 싶은 것은 왜 중국에서 그런 생존 전략을 배워야 하는 것인가인데 진념 부총리에게는 단지 대책을 내놓으라고 독촉만 하고 있다. 전제 8은 재계의 요구인데 중국의 사례를 참조하여 살아남을 궁리를 해야 한다는 결론과 연결하자면, 중국도 기업에게 자유를 많이 부여하고 있고 그 결과가 성공적이라고 할 수 있으므로 우리나라도 그렇게 해야 한다는 식으로 관련을 지을 수 있을 것이다. 그런데 실제로 중국이 우리나라보다 기업에 더 많은 자유를 주고 있는지, 그것이 경제 성장에 긍정적인 영향을 끼치는지 그리고 기업에 자유을 부여하는 것이 경제 성장에 결정적인 요인인지에 대해서는 설명이 거의 없다. 따라서 전제 8이 결론의 근거일 수는 있지만 충분하거나 결정적인 근거가 되기는 어렵다. 이렇게 볼 때 충분한 근거의 점수는 1점이다.

반박 잠재우기

이 칼럼에 대한 반박으로 어떤 주장을 할 수 있을까? 중국에서 배울 것은 세계화 강요의 살벌한 생존 경쟁에서 살아남을 궁리이고, 그것은 정부와 기

전체적으로 평점이 낮아 조금 의아할 것이다. '그래도 주요 일간지의 사설이나 칼럼인데 이토록 점수가 낮을 수 있을까?' 하고 생각할 수 있을 것이다. 유의할 점은 이 평점은 논리학의 논증이라는 관점에서 본 평점이라는 것이다. 국문학의 글쓰기로 보면 아주 높은 평점을 받을 것이다.

업이 손잡고 짜내야 한다는 결론은 너무 평범해서 반론이 거의 불가능해 보인다. 세계화의 살벌한 생존 경쟁에서 살아남을 궁리를 짜내야 한다는 것을 모르는 사람이 있을까. 정부와 기업이 손잡고 함께 대책을 강구해야 한다는 것도 너무 지당한 말 아닌가. 반론이 아예 필요하지 않을까 싶다. 너무 당연한 결론에는 반론을 제기하기가 어려우므로, 이 칼럼은 반박이 거의 불가능하다. 논증의 구조상 반론이 불가능한 것이 아니라 결론이 당연히 참으로 인정될 수 있는 것이므로 즉 누구나 아는 것이므로 반론의 필요성을 느끼지 못한다는 것이다. 이런 글은 좋은 논증이 아니다. 반론이 불가능하거나 필요 없다면 좋은 논증의 조건을 갖추지 못한 것이다. 누구나 아는 이야기를 하면 반론도 필요 없을 것이고 반론이 필요 없는 당연한 결론을 갖는 글이라면 좋은 논증이라고 할 수 없기 때문이다. 따라서 반박 잠재우기의 점수는 0점이다. 그럼 이 칼럼의 평점을 매겨보자.

관련성	전제의 참	충분한 근거	반박 잠재우기	평점
1점	1.5점	1점	0점	3.5점

하나 마나 한 결론을 내리는 일은 우리 사회에서 아주 흔하게 볼 수 있다. 〈심야토론〉 같은 프로그램을 보면 이렇게 결론을 내리는 일이 잦다. "이제 우리 모두가 힘을 합쳐 어려움을 극복해나가야 합니다. 오늘의 토론은 결국 우리 모두 하나가 되어 난국을 극복하자는 말로 마무리할 수 있을 것 같습니다." 반박이 필요 없는 이런 결론은 우리를 허탈하게 한다. 그러나 최대한 호의적인 태도를 가지고 이 칼럼을 다시 보자. 즉 이 칼럼은 진념 부총리의 주장을 반박하기 위한 것이라고 여기자. 그래도 형편은 별로 나아지지 않는

논증을 재구성할 때 필요한 마음가짐이 바로 호의적 태도이다. 필자의 의도를 확대, 과장해서도 안 되고, 하지도 않은 주장을 마치 한 것처럼 만들어 놓고 공격해서도 안 된다. 최대한 호의적으로 상대의 논증을 재구성해야 반론의 효과도 커질 것이다.

다. 그것을 논증으로 만든 것이 논증 〈나〉인데 앞에서 보았듯이 설득력 있는 논증이 아니었기 때문이다. 다음 칼럼을 보자.

이러기엔 너무 늦었나?

역대 정권들은 무엇이 잘못되면 그것을 자기 탓 아닌 남의 탓으로 돌리는 습성이 있었다. 지금의 집권 측도 그 점에선 하나도 달라진 것이 없다. 모든 나쁜 일은 '반개혁', '반통일' 세력 때문이라는 식이다. 문제 해결의 열쇠도 바로 그 '나쁜 사람들'을 '정의의 이름'으로 척결하는 데 있다는 논리다.

지금까지도 그랬고 지금도 그렇지만 집권 측은 이미 숱한 '반개혁', '반통일' 세력들을 '개혁'의 도마 위에서 혼내주어왔다. 그랬으면 뭔가 가닥이 잡혔을 텐데도 왜 경제가, '남북'이, 동맹 외교가, 교육이, 사회 통합이, 그리고 구조 조정과 공직 기강이 모두 다 하나같이 '반개혁'에 머물러 있는 꼴인가? 이유는 명백하다. 그런 모든 것들이 제대로 잘 안 돌아가는 까닭이 네 탓에도 남의 탓에도 있지 않다는 뜻이다.

'나쁜 사람들'을 그렇게 숨도 못 쉬게 닦달하는데도 경제 전망은 좀처럼 밝아질 줄을 모른다. '반통일' 세력 역시 그렇게 죽일 X 잡듯 몰아치는데도 '김정일 답방'은 적어도 지금의 시점에선 감감무소식이다. '반개혁' 세력이란 자들도 그렇게 혼쭐 빠지게 닦아세우는데도 구조 조정은 뒷전으로 밀린 채 경기 부양 소리만 드높다. '고얀 X들'을 아무리 죽여라 살려라 추급해도 겨우 나오는 것은 '교육 실정(失政) 27개항'이고 '빗물 속 감전사=관재(官災)'이며 '만인의 만인에 대한 투쟁과 분열' 그리고 대미ㆍ대일 외교의 경색이다.

그래서 그런지 '나쁜 사람들'을 아무리 매도해도 집권 측 지지율은 그제나 지금이나 20퍼센트대를 못 벗어나고 있다. 〈이슈 투데이〉라는 인터넷 매체의 조사에 의하면 응답자들은 "내년에 정권 교체 가능성이 80퍼센트 있다"고 대답했다고도 한다. 한마디로 정권의 지 력은 '남의 탓으로 씌우기'로 확보되는 것이 아니라는 뜻이다. 그래서 국민의 지지를 받으려면 자기들이 무엇을 잘해야 하지 "누구들 때문에 안 된다"는 푸념은 별 소용이 없다는 뜻이다.

1,500명의 칼럼니스트를 기반으로 언론, 전문가 네트워크, 교육ㆍ출판 사업을 하는 〈이슈 투데이〉는 지식정보 사회를 선도하는 지식 포탈 사이트다. 〈이슈 투데이〉의 홈페이지 주소는 www.issuetoday.com이다.

집권 측은 물론 "인기에 연연하지 않겠다"고 선언한 바 있다. 그러나 인기에 연연하지 않는 대신 경제든, 구조 개혁이든, 교육 정책이든, 무엇이든 도무지 잘돼야 그 명분이 서는 것이지 그렇지 않고서야 말발이 서겠는가? 집권 측은 오히려 이런 때일수록 "인기에 연연하지 않겠다"는 자세보다는 "도대체 무엇이 잘못됐는가"를 겸허하게 돌아보아야 할 것이다.

도대체 무엇이 잘못됐는가? 한마디로 정책이나 시책 이전에 모든 '나쁜 일'의 원인은 집권 측의 '문제 있는' 마음가짐에 뿌리박고 있다고 봐야 할 것이다.

"나는 100퍼센트 옳다, 나는 100퍼센트 정의다"라고 하는 과잉 자부심과 과잉 확신이 문제인 것이다. 그 고통스럽던 시절 그들은 누구보다도 정의로웠고 선했다. 그러나 그 과정에서 그들은 혹시 그 100퍼센트의 자부심과 100퍼센트의 자기 확신의 벽 속에 스스로를 폐쇄시킨 점은 없었던가?

만에 하나 그런 점이 있었다면 그것은 자칫 '우리는 무오류, 남들은 악의 공범자들'이라는 흑백논리로 흐르기 쉽다. 그리고 누가 자기들을 비판하면 그것은 곧 "악의 공범자들이 감히 정의로운 사람들을 비판한다"는 식으로 사갈시하기 십상이다.

한 정권의 시책이 만약 그런 '천사와 악마'의 대결이라는 이분법에 바탕한다면 그 '천사들'의 '악마 타도' 드라이브는 역사상 모든 '증오의 혁명'의 원인이 되었음을 경계해야 할 것이다. 볼셰비키 혁명이 그러했고, 나치스 쿠데타가 그러했으며, 마오의 문화혁명, 폴포트의 킬링 드, 밀로셰비치의 민족주의가 그러했다. 그리고 우리 역시 파란 많은 현대사를 통해 그 증오의 악순환을 되풀이해왔다. 이런 역사의 비극성에서 벗어날 길은 그래서 "이제야말로 증오심으로는 안 된다!"에 있지, 그 허무한 확대 재생산에 있지 않다. 모든 상대방에게 어려움을 호소하며 함께 끌고 나가려는 마음가짐만이 우리 정치사의 모진 악연들을 끊어줄 수 있을 것이다. 그러기엔 이미 너무 많이 온 것 아닌가 하는 생각이 들지만…….

〈조선일보〉 2001년 7월 21일

흑백논리의 오류는 우리가 잘 알고 있는 오류 중 하나이다. "그 사람 부자야?" "아니야." "그럼 가난하겠네." 이런 식의 논리이다. '남자가 아니면 여자이다.'는 명제도 흑백논리의 예가 된다. 실제로 '남자이면서 동시에 여자'인 사람이 존재하니까. 성전환이 이런 흑백사고를 깨는 데 도움이 되나?

이 칼럼은 쉽고 무슨 말을 하려는지 명확해 보인다. 우선 결론을 찾아보자. 우리나라 칼럼에서는 보통 결론이 맨 뒤에 오는데 이 칼럼도 예외는 아이 칼럼의 결론은 모든 상대방에게 어려움을 호소하며 함께 끌고 나가려는 마음가짐만이 우리 정치사의 모진 악연들을 끊어줄 수 있다는 것이다.

니다. 즉 "모든 상대방에게 어려움을 호소하며 함께 끌고 나가려는 마음가짐만이 우리 정치사의 모진 악연들을 끊어줄 수 있을 것이다."가 결론이다. 따라서 '이제는 증오심에서 벗어나야 하고 모든 문제를 함께 해결하려는 마음가짐을 가져야 한다.'는 주장을 하고 있다. 상대방에게 어려움을 호소하며 함께 끌고 나가려는 마음가짐은 증오심을 벗어던지는 데서 생기는 것으로 필자는 두 가지를 같은 의미로 쓰고 있다. 그럼 이 칼럼은 어떤 이유와 근거를 대고 있는가? 논증으로 구성해보자.

전제 1. 현 집권 측의 시책은 '천사와 악마'의 대결이라는 이분법에 근거한다.

2. 현 집권 측이 보기에 자신들은 '천사'로서 '무오류'이고 반대자들은 '악마'로서 '악의 공범'이고 '반개혁', '반통일' 세력이다.

3. 집권 측은 문제 해결의 열쇠는 악마인 '나쁜 사람들'을 '정의의 이름'으로 척결하는 데 있다고 생각한다.

4. 지금까지 집권 측은 개혁의 이름으로 '나쁜 사람들'을 혼내주었다.

5. 그런데 경제, 남북 문제, 동맹 외교, 교육, 사회 통합, 구조 조정, 공직 기강이 모두 다 제대로 되지 않고 있다.

6. 따라서 집권 측의 시책과 마음가짐은 잘못되었다.

결론 7. 집권 측은 증오심에서 벗어나 모든 상대방에게 어려움을 호소하며 함께 끌고 나가려는 마음을 가져야 한다.

관련성

이 논증의 전제는 모두 결론과 관련이 있어 보인다. 덧붙여 설명하자면 전제 3, 5, 6은 후건 부정식의 형식을 갖는 추론이다. 여기서 숨은 전제인 '나쁜 사람들을 척결하면 개혁이 성공을 거둔다'를 보완하면 전제 3의 의미를 '나쁜 사람들을 혼내주는 정책이 옳다면 경제 등 모든 분야의 개혁이 성과를 거둘 것이다'로 해석할 수 있다. 점수는 3점이다.

여기서 숨은 전제인 '나쁜 사람들을 척결하면 개혁이 성공을 거둔다.'를 전건인 p와 후건인 q로 정리해보자.

점수는 여러분 마음대로 매겨도 된다. 그러나 좋은 논증이 되기 위한 네 가지 기준은 잊지 말자!

p : '나쁜 사람들'을 혼내주는 정책은 옳다..

q : 경제 등 모든 분야의 개혁이 성과를 거둔다.

그렇다면 '나쁜 사람들을 혼내주는 정책이 옳다면 경제 등 모든 분야의 개혁이 성과를 거둘 것이다.'는 'p → q'가 되고, '경제 등의 모든 분야에서 개혁의 성과가 없다.'는 '− q'가 된다. 따라서 '나쁜 사람들을 혼내주는 정책이 옳다면 경제 등 모든 분야에서 개혁이 성과를 거둘 것이다. 그런데 성과는 없다. 그러므로 나쁜 사람들을 혼내주는 정책은 잘못되었다.'를 형식화하면 다음이 될 것이다.

1. p → q

2. − q

∴ 3. − p

이 형식은 후건 부정식이라 부르는 것이 타당하다. 그러므로 관련성에는 이상이 없다. 그렇다면 전제의 후반부가 타당한 이 논증의 전제의 참 여부

사람에게는 이분법적 사고가 자연스러워 보인다. 음과 양, 선과 악, 신과 악마, 삶과 죽음 등 우리의 사고에는 이분법이 확고히 자리 잡고 있는 것 같다. 근래에 퍼지fuzzy 논리학이 등장하여 세계는 0과 1의 이분법으로 이루어진 세계가 아니라 0과 1 사이의 연속체로 존재한다는 주장을 하고 있다.

천사와 악마는 각기 선과 악을 대변하는 것으로 사용되는 단어이다. 그런데 재미있는 것은 원래 천사와 악마는 구분이 없었다는 것이다. 신은 우주를 창조하기 전에 먼저 천사를 창조했는데, 이들은 자연과 천체를 관리했다고 한다. 그런데 천사들 가운데 몇몇이 반란을 일으키자 신이 이들을 하늘에서 추방해 지옥에 살도록 했다. 그리하여 이들은 타락천사가 되어 세상에 악을 퍼뜨리게 되었다고 한다.

를 검토해보자.

전제의 참

전제 1을 보자. '현 집권 측의 시책은 천사와 악마의 대결이라는 이분법에 근거한다.'는 주장은 참인가? 논의의 여지가 많은 주장이다. 집권 측을 지지하는 사람과 그렇지 않은 사람이 편을 갈라 논쟁할 만한 주장으로 이 주장이 참임을 증명하기 위해서는 많은 근거가 필요할 것이다. 그리고 이 전제에 근거한 전제 2도 마찬가지인데 집권 측이 자신을 무오류로 반대 측을 악의 공범으로 여기는 것이 사실인가도 역시 논의의 여지가 있다. 하지만 호의적으로 해석한다면 이 전제들을 수용할 가능성도 생긴다. 즉 천사와 악마라는 극단적 표현보다는 집권 측과 반대 세력이 너무 적대적으로 대하고 있다고 말한다면 수긍할 수 있을 것이다. 집권 측이 자신들과 어긋나는 견해를 가진 세력을 심하게 공격하는 것은 사실이지만 무오류나 악의 공범이라는 강한 표현을 사용한다면 동의하기에 망설여지기 때문이다. 전제 3은 전제 1과 전제 2를 토대로 한 것인데 반대 측이 악의 세력이라면 당연히 악을 척결해야겠지만 이미 말했듯이 반대 측을 악의 세력이라고 규정하는 것은 지나치므로 이 전제가 과연 참인지는 의심스럽다. 하지만 '악마'라는 표현을 빼고 호의적으로 해석한다면, 즉 '나쁜 사람들을 혼내준다는 정책이 옳다면, 경제 등 모든 분야의 개혁이 성과를 거둘 것이다'로 해석한다면 수용 가능한 주장이 될 것이다.

전제 4는 집권 측이 반대 세력을 혼내준 것은 사실이므로 '개혁'의 이름으로 했든 아니든 수용할 수 있다. 또 전제 5도 지금 국가가 총체적인 위기를 맞고 있으며 개혁이 실종되었다는 데는 많은 사람들이 동의하므로 수용

할 수 있을 것이다. 전제 6은 앞의 후건 부정식의 결론이므로 참이라고 할 수 있다. 즉 전제 3을 보완하여 해석하면 참이고 전제 5도 참이면서 타당한 형식이므로 이 후건 부정식의 결론인 전제 6은 참이 된다. 정리하면, 호의적으로 해석하지 않는다면 많은 전제가 수용될 가능성이 매우 낮지만 호의적으로 해석한다면 많은 전제가 수용 가능하다. 점수는 2점이다.

충분한 근거

이 칼럼에서 주장하는 바는 결국 집권 측이 마음가짐을 바꿔 증오심을 버리고 상대방을 인정하라는 것인데 이런 주장에 충분한 근거가 있는가? 역시 기준은 결정적 근거의 존재 여부다. 이 칼럼에는 결정적 근거가 되는 논증이 존재한다. 바로 위에서 본 후건 부정식이다.

$$1. p \rightarrow q$$
$$2. -q$$
$$\therefore 3. -p$$

이 논증을 풀어 읽으면 다음이 된다. "나쁜 사람들을 혼내주는 정책이 옳다면 경제 등 모든 분야에서 개혁이 성과를 거둘 것이다. 그런데 성과가 없다. 그러므로 나쁜 사람들을 혼내주는 정책은 잘못되었다."

전제가 모두 참이라면 결론도 참일 수밖에 없고——왜냐하면 타당한 형식이므로——결론이 참이라면 '나쁜 사람들'을 혼내주는 정책이 잘못인 이유를 밝히면 된다. 우리는 호의적 해석을 통해 이 논증의 전제들을 수용할 수 있다고 했다. 그렇다면 결론도 참이 된다. 나쁜 사람들을 혼내주는 정책이

원인은 결과의 충분 조건으로 생각되기 쉽지만 그렇게 단순하지는 않다. 성냥을 그어서 불을 붙일 경우 성냥을 그은 것이 불붙은 것의 원인이긴 하지만 젖은 성냥이 아니어야 한다는 조건도 있다.

엄청난 대학살 킬링필드의 신호탄은 어이없게도 1976년 9월 소집된 공산당 중앙위원 회의에서 캄보디아 공산당 창설 기념일을 확정하는 과정에서 시작되었다. 폴포트Pol Pot는 자신이 1960년 서열 2위로 캄보디아 노동당을 창설한 날을 희망했으나, 이에 대한 이견이 제기되었다. 이에 분노한 폴포트는 반대 의견을 제시했던 두 고위 간부를 당 지도부를 배반했다는 죄목으로 처형하는 것을 시작으로 3백만 명의 캄보디아인을 죽였다.

잘못이라면 그 정책을 중단하고 원인을 찾아 고쳐야 한다. 그 원인은 전제 1에 나온 천사와 악마의 대결이라는 이분법적 마음가짐이다. 따라서 그 마음가짐을 고치자는 결론이 나오게 된다. 문제는 전제 1과 전제 2가 수용 가능한 주장인지 여전히 의문이 남는다는 것이다. 정리하면 다음이 될 것이다.

전제 1. 천사와 악마의 대결이라는 이분법적 사고가 나쁜 사람들을 척결해야 한다는 정책을 낳았다.
　　 2. 나쁜 사람들을 척결해야 한다는 정책은 잘못이다.
결론 3. 천사와 악마의 대결이라는 이분법적 사고를 버려야 한다.

이 추론은 원인과 결과 추론으로 좋지 않은 결과를 놓고 원인을 부인하는 것이다. 그런데 원인과 결과의 관계를 밝히는 것은 그리 쉬운 일이 아니다. 만약 바이러스가 감기의 원인이라면 바이러스를 제거하면 되지만 학생이 공부를 못하는 원인은 그리 쉽게 밝혀지지 않는다. 같은 교사에게 배워도 성적은 제각각이다. 공부 못하는 학생이 있다고 해서 교사를 바꾸자는 주장이 설득력을 얻는 것은 아니다. 이 칼럼도 마찬가지인데 나쁜 사람을 척결하는 정책이 옳지 않다고 해서 그 원인을 제거하자는 것은 성급한 일이다. 그 관계가 바이러스와 감기처럼 명쾌해 보이지 않기 때문이다. 이 관계를 입증하기 위해 필자는 볼셰비키 혁명 등을 들고 있는데 과연 적절한 사례인지 검토할 필요가 있다. 우리의 현재 상황이 어떻게 폴포트의 킬링필드와 비슷하다는 말인가? 킬링필드는 7백만 국민 중 3백만 명을 살해한 사건이 아닌가? 정리하면 충분한 근거라는 면에서 점수는 1.5점을 줄 수 있다.

반박 잠재우기

집권 측은 증오심을 버리고 마음가짐을 바로 해 상대방을 동지로 생각해야 한다는 것이 이 글의 결론이다. 결론이야 언제나 좋은 말이기 마련이고, 문제는 주장의 근거가 무엇이냐이다. 필자는 위에서 본 것처럼 국정의 총체적 실패를 전제로 실패의 원인이 집권 측의 마음가짐에 있다고 말한다. 그렇다면 국정의 총체적 실패가 사실이라고 해도 그 원인은 다른 데 있다고 반박할 수 있다. 즉 집권 측의 증오심이 원인이 아니라 개혁을 추진하는 기술 부족이 원인일 수도 있고 소위 기득권층의 개혁 방해가 집요하고 완강하기 때문일 수도 있다. 좋은 뜻을 세웠더라도 그것을 추진할 만한 경험과 세부 기술이 없다면 개혁은 힘들 것이고 개혁에 반대하는 세력의 방해가 생각보다 강하다면 개혁의 속도는 상당히 늦어질 것이다. 이런 반론이 가능한데도 필자는 전혀 신경을 쓰지 않는 것 같다. 단순히 마음가짐이 잘못되었다는 주장을 관철하려고 한다. 강력한 반론을 제기하지 않는 논증은 좋은 논증이 되기 어려우므로 이 부분의 점수는 0점이다. 그럼 이 칼럼의 평점을 매겨보자.

관련성	전제의 참	충분한 근거	반박 잠재우기	평점
3점	2점	1.5점	0점	6.5점

산 자를 위한 장례식

철학자들은 말한다. 인간만이 죽음이 있다고. 인간 이외의 다른 생물의 죽음은 죽음이 아니다. 단지 없어지는 것뿐이다. 오직 인간만이 죽을 줄 안다. 죽음을 두

생물체라면 죽게 마련이다. 그런데 이 죽음에 대해서 유독 인간만이 '죽음론'이라는 말을 붙여 죽음에 대해 이야기하는 것 같다. 최근 출간된 《메멘토 모리, 죽음을 기억하라》(궁리, 2001)는 죽음, 특히 한국인에게 다가오는 죽음에 대해 아주 쉽고 즐겁게(?) 접근하고 있다. 마지막 문구가 기억에 남는다. "웃음 들이키소서. 죽음 앞에서, 부디부디. Memento Mori."

려워하고, 그래서 그것을 이겨내려고도 하고, 그것을 맞을 준비를 하기도 한다. 죽음이 있기에 삶은 삶으로서의 의미를 지닌다.

빛은 어둠이 깊을수록 그 존재를 분명하게 하듯이 삶의 의미와 가치 또한 죽음이 있어 더욱 극명하게 부각된다. 이런 의미에서 산 자를 위한 장례식은 죽음과 함께 삶을 다시 생각하게 한다. 며칠 전《뉴욕 타임스》는 암으로 시한부 인생을 살고 있는 전직 초등학교 교사(65)가 친지 친구 100여 명을 뉴저지 주 모리스타운 자신의 집에 초청해 미리 장례식을 치른 사실을 상세하게 보도했다.

이 장례식에 참석한 사람들은 집주인의 애창곡을 기타로 연주하거나 시를 낭송해주기도 하고 그의 봉사 활동 업적을 칭송하기도 했다. 턱시도 차림으로 휠체어에 앉아 자신의 장례식을 치른 그 교사는 답사를 통해 "나는 사람들에게 어떻게 죽을 것인지를 보여주고 싶었다"고 했다.

산 사람을 위한 장례식은 이번이 처음은 아니다. 수년 전 미국 매사추세츠 주 브랜다이스 대학에서 평생 사회학을 강의한 모리 슈워츠 교수가 루게릭이라는 병에 걸려 죽음을 앞두고 '사전(死前) 장례식'을 가진 바 있다. ABC TV의〈나이트라인〉에도 여러 번 출연해 유명해진 모리 교수는 죽기 전 서너 달 동안 매주 화요일 한 제자와 만나 인생을 얘기했고 이것을 묶은 책이 베스트셀러《모리와 함께한 화요일》(미치 앨봄 지음·공경희 옮김)이다.

그는 제자에게 말했다. "어떻게 죽어야 할지 배우게 되면 어떻게 살아야 할지도 배울 수 있다네." 그리고 언제든지 죽을 수 있도록 준비를 하면 더 적극적인 삶을 살 수 있다고도 했다. 죽음을 생각하는 것은 자신을 되돌아보는 진지한 자기 반성이며, 그 같은 반성은 삶에 대해 보다 겸허하고 진실한 자세를 갖게 한다는 얘기일 것이다.

죽음을 안다는 것은 자신의 한계를 아는 것이다. 비록 죽음이 임박한 상태는 아니더라도 고령이 될수록 자기 생을 돌아보는 시간이 많아지고 그래서 마음을 비워나가는 것이 보통 사람들의 삶의 과정일 것이다.

그러나 예외의 사람들이 있다. 그들은 대개 정치하는 사람들이다. 노욕(老慾)의 증세는 정치하는 사람들한테서 유독 심한 듯하다. 어떻게든지 권력의 끈을 놓으려하지 않는다. 자기만이 큰일을 해낼 수 있다고 맹신한다. 자기 반성은커녕 자신만

한때 우리 정치계에 '젊은 피수혈론'이 득세했었다. 젊다는 것이 유리하다고 생각할 근거는 전혀 없다. 경험이 부족할수도 있고 지혜가 부족할수도 있기 때문이다. 내 생각에 이런주장이 나오는 것은 보스가 다루기 편한 젊은 사람을 선호하기 때문이 아닌가 한다. 즉 보스는 바뀌지 않고 이런 주장만나온다는 것이다. 보스 정치에 문제가 있다면 보스라는 자리를 없앤다 아니면 적어도 바뀌기라도 해야 할 것이다. 언제까지 3김인가.

이 옳다고 생각한다. 잘못되는 것은 남의 탓 때문이라고 여긴다.

말을 자주 바꾸면서도 부끄러워할 줄 모른다. 남의 얘기는 들으려 하지 않고 입 바른 소리 쓴소리하는 사람은 곁에 오지 못하게 한다. 결국 그 주변에는 듣기 좋은 말만 하는 사람들이 모여든다. 노회(老獪)하고 단수가 높기 때문에 속내를 쉽게 드러내지 않는다. 속은 권력욕으로 가득 차 있어도 겉 포장은 그럴듯한 명분으로 감싼다. 그 명분은 무슨 '개혁'일 수도 있고 무슨 '정의'일 수도 있다.

그러나 17세기 도의(道義) 정치를 표방했던 조선의 선비들이 권력욕을 예(禮)로 분칠해 정치의 명분으로 내세우다가 나라를 쇠락의 길로 몰고 갔듯이, 권력욕에 이용된 명분은 곧 그 명분의 권위를 상실하기 마련이다.

산 자를 위한 장례식이 아무리 유행한다 해도 정치인 중에는 아마 이런 장례식을 치를 사람이 있을 것 같지 않다.

어떤 권력도 언젠가는 죽는다. 안타까운 것은 아무리 죽음이 가까이 와 있어도 그것을 눈치 채지 못하는 게 권력이라는 점이다. 언젠가는 닥쳐올 죽음을 생각할 줄 안다면 훨씬 겸손해질 수 있겠지만 권력의 속성은 그렇지 못하다. 권력이든 정권이든 살아 있을 때 장례식을 치러볼 정도로 여유가 있다면, 그래서 지금 자신들이 무엇을 잘못하고 있다는 것을 깨닫게 된다면 그 끝은 아름답게 장식될 것이다. 그렇게만 된다면 독재자라는 소리를 듣는 정치인도 있을 리 없다.

<동아일보> 2001년 7월 5일

돈, 명예, 그리고 권력 세 가지 중 어느 두 가지를 취하면 균형이 깨져 파멸한다는 말이 있다. 즉 돈이면 돈, 명예이면 명예, 권력이면 권력 한 가지를 취해야지 두 가지 이상을 취하면 결국 자멸하게 된다는 말이 일리 있다. 우리나라는 권력을 갖게 되면 돈 그리고 명예도 따라온다는 데 문제가 있다. 언제 3권 분립이 되려나?

이 칼럼은 비교적 단순해 보인다. 하고 싶은 말도 분명하고 말의 내용도 우리가 익히 알고 있는 것이다. 결론은 정치인들은 노욕을 부리지 말고 반성하라는 것이다. 전제도 마찬가지로 단순해 보이는데 논증으로 구성하면 다음과 같다.

전제 1. 권력은 유한하다.

2. 권력의 유한함을 깨닫는다면 권력자는 반성하고 겸허해질 것이다.

3. 그런데 우리나라의 정치인들은 그렇지 못하다. 노욕을 부리고 있다.

4. 그런 정치인들은 나라를 쇠락의 길로 몰고 갈 것이다.

5. 나라가 쇠락의 길로 가서는 안 된다.

결론 6. 정치인들은 노욕을 부리지 말고 반성해야 한다.

이 칼럼에 등장하는 죽음과 장례식 이야기는 어떤 것의 유한성을 깨닫는다면 그 가치를 제대로 알 수 있고 겸허한 자세를 갖게 된다는 것을 말하기 위해 유비로 끌어온 것이다. 즉 죽음과 권력이 유한함이란 속성에서 비슷하며, 죽는 법을 알면 사는 법을 알게 되고 권력의 유한함을 알면 권력을 제대로 쓰게 될 것이라고 말한다. 이런 유비는 보조 장치로서 논증의 뼈대를 이루는 것은 아니기 때문에 논증으로 재구성할 때 제외해도 상관이 없다. 위의 논증에서 전제 5는 숨은 전제로 보완된 것이다. 칼럼에 분명하게 나타나 있지는 않지만 필자의 의도를 살리기 위해서 필요한 전제이다. 그럼 네 가지 조건을 따져보자.

관련성

모든 전제가 결론과 관련이 있어 보인다. 단순한 결론과 어쩌면 뻔한 전제들이기 때문에 별 이상은 없는 것 같다. 점수는 2점이다.

전제의 참

전제 1은 상식적으로 볼 때 참이다. 전제 2도 참일 가능성이 높지만 그렇지 않은 경우도 많다. 박정희도 김영삼도 권력이 유한하다는 사실을 알았을 것이다. 하지만 그렇다고 해서 반성하거나 겸허해지지는 않은 것 같다. 역대의 왕들도 인간의 수명이 유한함을 알고 있었지만 그다지 겸손했던 것 같지 않다. 권력이란 것이 본질적으로 마력을 갖고 있어 인간의 이성을 마비시키기 때문일까? 인간의 이성이 아닌 의지라는 영역이 권력과 관련을 맺고 있어서 권력을 향한 인간의 의지가 인간의 이성을 압도하는 것 같다. 따라서 전제 2는 수용 가능성이 적어 보인다. 전제 2는 논의의 여지가 많은 주장이다. 전제 3은 우리나라 정치인이 노욕, 즉 늙은이의 욕심을 부리고 있다는 것인데, 70대의 정치인이 늙은이라는 것과 70대 정치인의 행태가 노욕인가는 별개의 문제다. 70대 정치인의 정치 활동이라고 해서 다 노욕이 되는 것은 아니다. 따라서 우리나라 어느 정치인의 행태를 노욕으로 볼 수 있는 것인지 분명히 근거를 밝혀야 한다. 중국의 장쩌민도 70대인데 노욕을 부리는 것인가? 지지할 만한 근거가 거의 제시되지 않았으므로 상식으로 판단해야 하는데 전제 3은 상식으로 판단할 수 있는 주장은 아니다. 전제 4는 그런 정치인들이 나라를 쇠락의 길로 몰고 갈 것이라는 주장인데, 경험적 사례로 조선의 당쟁을 들고 있다. 조선의 선비들이 권력욕을 예로 분칠해 정치의 명분으로 내세우다가 나라가 쇠락의 길로 접어들었다는 것이다. 경험적 사례를 들어 주장을 정당화하는 것은 바람직하지만 사례가 단 한 가지에 불과하고 그것도 결정적인 근거는 아니다. 즉 조선의 쇠락이 권력욕에서 비롯되었다고 해도 그것이 노욕의 산물이었는지는 언급하고 있지 않다. 늙은이의 욕심이 아니라 집단 간의 권력 투쟁이 원인일 수도 있는 것이다. 따라서 전제 4의 수용 가능성도 높아 보이지 않는다. 마지막으로 전제 5는 숨은 전제를 찾아 보완한 것으로, 크게 이상이 없는 것 같다. 즉 상식적으로 참이다. 점수는 1.5점이다.

권력이란 것이 본질적으로 마력을 갖고 있어 인간의 이성을 마비시키기 때문일까? 인간의 이성이 아닌 의지라는 영역이 권력과 관련을 맺고 있어서 권력을 향한 인간의 의지가 인간의 이성을 압도하는 것 같다.

충분한 근거

정치인들은 노욕을 부리지 말고 반성해야 한다는 결론의 결정적 근거는 전제 4이다. 즉 노욕을 부리는 정치인들이 결국 나라를 쇠락하게 한다는 것이다. 따라서 노욕을 부리는 정치인들이 실제로 나라를 쇠락으로 몰고 가는지 아닌지가 충분한 근거를 판단하는 기준이 된다. 그러므로 두 가지 문제가 발생한다. 노욕을 부리는 정치인들이 나라를 쇠락으로 몰고 갈 것이라는 주장이 참인가? 만약 참이라면 그 주장이 결론의 충분한 근거가 되는가? 첫째, 이 전제의 참 여부는 '전제의 참'에서 이미 다루었다. 결과는 경험적 사례가 부족하고 노욕을 판단하는 근거가 불충분하므로 수용 가능성이 낮다는 것이었다. 따라서 충분한 근거로서의 신뢰도가 낮아진다. 둘째, 참이라고 해보자. 즉 노욕을 부리는 정치인들이 실제로 나라를 쇠락으로 몰고 간다면 이들은 반성해야 한다는 결론의 충분한 근거가 될 수 있을 것이다. 하지만 유감스럽게도 이 칼럼에서는 첫째 주장의 수용 가능성이 낮기 때문에 둘째 주장이 근거가 될 가능성도 낮다. 이 칼럼에서 가장 중요한 문제는 전제 4의 정당성을 입증하는 것이므로 필자는 전제 4의 정당성을 입증하는 데 더 심혈을 기울였어야 했다. 즉 노욕의 정치인을 판단하는 기준을 밝히고 노욕의 정치인이 나라를 쇠락으로 몰고 간다는 것을 아주 충분히 입증했어야 한다. 이 칼럼은 죽음과 권력의 유비 관계에 지면의 반 정도를 할애하는 바람에 기회를 놓친 것 같다. 필자는 우리나라 정치인 일부가 노욕에 가득 차 있고 그것이 나라를 망칠 것이라는 명제를 지극히 당연한 참으로 여기고 있는 듯하다. 하지만 앞에서 보았듯이 이것은 그렇게 간단한 문제가 아니다. 결론적으로 말해서 이 칼럼은 충분한 근거를 제공하지 못했다. 점수는 0.5점이다.

반박 잠재우기

실제로 노욕의 정치인이 나라를 쇠락으로 몰고 가는 것일까? 노욕의 정치인이 득세하는 것을 용인하는 이 나라의 정치 문화에 더 큰 책임이 있는 것은 아닐까? 민주 사회에서 투표를 통해 노욕의 정치인을 물러나게 할 수 있는데도 불구하고 왜 유권자는 그를 정치판에 계속 머물게 하는가? 지금이 조선왕조도 아니고 혁명의 시대도 아닌데 잘못을 노욕의 정치인에게 돌리는 것은 옳지 않다는 반론이 제기될 수 있다. 설사 노욕의 정치인이 나라를 쇠락으로 몰고 가는 것이 참이라 할지라도 이런 반론은 가능하다. 더욱이 정치가 제도를 중심으로 운용되어야 민주주의가 정착되고 나라가 부강해질 텐데 우리 정치가 사람을 중심으로 움직이기 때문에 이런 문제가 생긴다고 반론을 펼 수도 있다. 즉 노욕에 빠진 정치인을 제도의 틀 안에서 축출할 수 있음에도 제도에 호소하지 않고 정치인 개인의 자성을 촉구한다면 필자가 인치(人治)라는 한국의 독특한 정치 구조를 인정하는 것이 된다는 주장이다. 개인에게 죽음과 권력의 유한성을 일깨우면서 정치판에서 떠나라고 호소하는 것은 감상적이라는 반박도 가능하다. 필자는 이런 가능한 반박 가운데 어느 것 하나도 제기하고 있지 않다. 이것은 좋은 논증을 구성하는 데 커다란 허점이 된다. 점수는 0점이다. 그럼 이 칼럼의 평점을 매겨보자.

선거나 어떤 사항에 대해 사회 구성원들이 찬반 의사를 표시하는 것을 투표라 한다. 이 투표에는 보통 · 평등 · 직접 · 비밀이라는 네 가지 기본 원칙이 있다.

관련성	전제의 참	충분한 근거	반박 잠재우기	평점
2점	1.5점	0.5점	0점	4점

전교조 주장, 설득력 있다

전국교직원노동조합 교사 1만여 명이 10일 전국에 걸쳐 집단적으로 조퇴를 하고 집회를 열었다. 교육부의 불허 방침과 법적 조처 등 거듭되는 강경 대처 방침에도 불구하고 전교조 교사들은 학습권이나 교육권이 침해를 받는 일이 없도록 조처하겠다며 집회를 강행한 것이다.

현재 우리나라의 교육 정책이 교육 개혁이란 이름 아래 개혁과는 본질적으로 다른 자유 경쟁 체제, 시장 경제 등의 도입으로 오히려 개악으로 흐를지도 모른다는 우려를 낳게 한 것이 사실이다. 경쟁 체제를 도입한다는 명분 아래 교육의 빈익빈 부익부 현상이 심화 으로써 교육 기회의 평등권이 흔들리고 있기 때문이다. 대표적인 것이 자립형 사립고 도입과 일부 대학에서 꾀하는 기부금 입학제 도입 등인데, 이는 교육을 시장 경제 논리로 풀려는 교육 정책의 틈을 비집고 들어온 현상이다. 우리나라의 대표적인 교원 단체인 전교조가 이런 현상에 반발하는 것은 당연한 것이다. 이들이 주장하고 있는 자립형 사립고와 7차 교육 과정의 철회, 사립 학교법 개정, 교육 재정 6퍼센트 확보 등은 모두 안정적인 교육 재정을 확보하여 교육의 평등권을 보장하라는 취지와 연장선에 있는 것으로 볼 수 있다.

특히 추석 전에 지급된 교원 성과급이 이번 집회의 직접적인 계기가 되었다. 이 제도는 애초에는 전교조, 한국교총, 한교조 등 세 교원 단체들이 모두 반대해온 것인데, 교직에도 경쟁을 도입한다는 논리 아래 교사들을 등급화하여 2천억 원의 성과급을 차등 지급한 것이다. 그러나 교사들은 평가 방법이나 등급 부여가 비교육적이라 비판하고, 오히려 잡무 수당이나 과도한 수업 시간을 줄이는 다른 방법을 강구해야 한다고 주장하고 있다. 느닷없이 결정된 복지 차원의 성과급이 교직 사회를 갈라지게 하고 교사들의 사기를 높이는 데 효과적이지 못하다면 이는 주지 않느니만 못한 결과를 가져올 것이다. 지금이라도 교원 성과급 지급 방식을 바꾸려는 노력이 필요하다.

〈한겨레〉 2001년 10월 11일

무슨 주장을 하려는지 알 것 같으면서도 한편으로는 잘 알 수 없는 이 사설에서 분명한 것은 전교조(전국교직원노동조합)의 주장이 옳다는 것이다. 전교조가 여러 가지 주장을 하고 있는데 여기에 나온 전교조의 주장은 다 옳다는 것이다. 굳이 한 가지를 결론으로 꼽으라면 교원 성과급 제도가 잘못되었으므로 근본적으로 바꾸어야 한다는 것이다. 하지만 이 결론은 전교조의 여러 주장과 연관이 있을 수 있으므로 논증으로 재구성해보자.

〈가〉

전제 1. 전교조 교사들이 교육부 정책에 항의하기 위해 교육부의 저지에도 불구하고 집회를 강행했다.

   2. 우리나라 교육 정책은 자유 경쟁 체제, 시장 경제 등의 도입으로 오히려 개악으로 흐를 위험이 있다.

   3. 이런 정책은 빈익빈 부익부 현상을 심화시킴으로써 교육 기회의 평등권을 침해할 수 있다.

   4. 전교조의 여러 주장은 모두 안정적인 교육 재정을 확보하여 교육의 평등권을 보장하려는 데 있다.

   5. 교원 성과급 제도는 평가 방법이나 등급 부여가 비교육적이고 교직 사회를 갈라지게 하여 교사들의 사기를 높이는 데 효과적이지 못하다.

결론 6. 교원 성과급 지급 방식을 근본적으로 바꾸어야 한다.

이 논증을 좀더 간결하고 알기 쉽게 구성해보자.

'빈익빈 부익부'는 종종 나쁜 말로 쓰이는 것 같다. 구조적 모순을 심화시키고 가난한 사람을 더욱 가난하게 한다는 의미로 보이는데 뒤집어보면 좋은 말이 될 수도 있다. 즉 가난한 사람이 돈을 모아 부자가 되면 더 부자가 될 수 있다는 것도 되니까. 문제는 초기 자본을 형성할 수 있는 공정한 규칙이 있느냐이다. 즉 자신의 노력으로 초기 자본을 형성할 수 있는 환경이라면 괜찮다고 생각한다.

〈나〉

전제 1. 교육 정책은 교육 기회의 평등권 보장에 중점을 두어야 한다.

　　 2. 이를 위해서는 안정적인 교육 재정이 확보되어야 한다.

　　 3. 지금의 정책은 교육 기회의 평등권 보장을 위협하고 있다.

　　 4. 교원 성과급 제도는 비교육적이고 교사의 사기를 높이지 못한다.

결론 5. 교원 성과급 지급 방식을 근본적으로 바꾸어야 한다.

처음 논증보다 그다지 간결해 보이지는 않지만 논지를 좀더 분명히 하기 위해 다시 구성해보았다. 그럼 논증 〈가〉를 이용해 네 가지 기준으로 이 사설을 검토해보자.

관련성

전제 2와 결론의 관련성은 교육 정책에 자유 경쟁 체제, 시장 경제 등을 도입하는 것이 교원 성과급과 관련이 있는가 하는 것인데 교원 성과급이 차별 지급된다면 자유 경쟁 체제나 시장 경제와 관련이 있을 것이다. 전제 2가 결론과 관련성이 있다면 전제 2에 근거한 전제 3도 관련성이 있을 것이다. 그럼 전제 4는 어떤가? 자립형 사립고와 7차 교육 과정 철회, 사립 학교법 개정, 교육 재정 6퍼센트 확보라는 전교조의 주장이 안정적인 교육 재정을 확보하여 교육의 평등권을 보장하려는 데 있다는 것과 교원 성과급 제도는 어떤 관련이 있을까? 안정적인 교육 재정이 확보되면 교육의 평등권이 보장된다고 하자. 그렇다면 교육의 평등권과 교원 성과급은 무슨 관련이 있는가? 모두가 교육을 평등하게 받아야 한다는 것과 교원의 능력에 따라 성과급을 차등 지급하는 것은 별로 관련이 없어 보인다. 이에 반해 전제 5는 결론과 관련이 있다. 즉 성과급이 교사의 사기와 관련이 있다는 것은 쉽게 짐작할 수 있다. 점수는 1.5점이다.

전제의 참

전제 1은 사실 보도이므로 별 문제가 없다. 하지만 나머지 전제는 수용 가능성에서 많은 의문이 든다. 전제 2와 전제 3을 보자. 교육 정책에 자유 경쟁 체제, 시장 경제를 도입하면 빈익빈 부익부 현상을 심화시켜 교육 기회의 평등권을 침해한다고 주장하고 있다. 왜 교육 분야에서는 자유 경쟁 체제를 허용해서는 안 되는가? 거의 모든 분야에서 자유 경쟁 체제를 권장하고 있는데 유독 교육 분야만은 안 된다고 하는 이유는 무엇인가? 그것은 자유 경쟁 체제가 교육 기회의 평등권을 침해할 수 있다는 것이다. 이 주장이 참이라면 지금이라도 당장 사립 초등학교는 문을 닫아야 할 것이다. 비싼 등록금 때문에 가난한 사람은 사립 초등학교에 갈 수 없으므로 교육 기회의 평등권을 침해한 것이 되기 때문이다. 또 자유 경쟁 체제나 시장 경제의 원리를 배제한 채 교육 기회의 평등권을 지키려면 과외나 학원을 없애야 한다. 돈 없는 사람은 과외를 할 수도 학원을 다닐 수도 없기 때문이다. 이 논증에 등장하는 교육 기회의 평등권이나 교육의 평등권은 절대적 평등권을 의미하는 것이다. 이런 논리라면 서울대도 고등학교처럼 지원자는 다 들어갈 수 있어야 하고 사립대도 국립대 수준으로 등록금을 낮춰야 한다. 절대적 평등은 수용될 수 없는 원리다. 사람마다 능력의 차이가 있으며 능력대로 평가되고 대접받는 것이 정의이며 평등이다. 물론 능력이 떨어지는 사람의 기본 권리를 보장하고 의무 교육을 확대하는 것은 당연한 전제이다.

전제 4는 안정적인 교육 재정 확보가 교육의 평등권을 보장할 것이라고

과외는 학교 교육의 경시, 빈부 격차에 따른 소외감, 자주적 학습 능력 저하, 가계의 사교육비 부담 증가 등을 이유로 1980년 금지되었다가 1980년대 후반에 대학생에 의한 과외만을 허용하면서 부활하게 된다. 이후 대도시 지역에서는 과반수가 과외를 받는 것으로 추정되며, 그 비용은 전국적으로 2조 원에서 10조 원에까지 이른다고 한다.

주장하고 있는데 이 역시 받아들이기 어렵다. 돈이 많이 생겨 안정적이게 되면 모든 사람이 교육을 평등하게 받을 수 있는가? 의무교육 체제는 돈이 적으면 적은 대로 많으면 많은 대로 평등한 교육 기회를 줄 수 있다. 예전에 가난했던 시절에도 거의 모든 사람이 교육 기회를 가졌다. 돈이 많아진다면 교육의 평등권이 보장되는 것이 아니라 교육의 질이 높아질 가능성이 커질 것이다. 돈 없는 학생을 지원하는 것은 국가가 당연히 해야 할 일이다. 즉 국가는 가난한 학생도 교육받을 수 있도록 지원해야 한다. 미국이 아무리 돈이 많아도 그 돈이 미국인의 평등권을 보장해주지는 않는다. 여전히 유색인에 대한 차별이 존재한다. 그것이 돈으로 해결될 문제는 아닌 것이다. 전제 5는 교원 성과급 제도가 평가 방법이 비교육적이고 교직 사회를 분열시킨다고 하는데 그럴 가능성이 있을 것이라는 점은 수용할 수 있을 것이다. 하지만 성과급 차등 지급이 교직 사회를 분열시킨다면 일반 회사에서는 큰 문제가 없어 보이는 성과급 차등 지급이 왜 유독 교직 사회만을 분열시키는지 해명해야 할 것이다. 모든 교사가 똑같이 성과를 낸다는 것인가? 아니면 신성한 교직 사회에 성과급 제도를 도입하는 것 자체가 모욕적이라는 것인가? 교사들의 능력과 업무 실적에는 분명히 우열이 있다. 이 우열에 대해 평가하는 것 자체가 나쁘다는 것인지 아니면 평가 방법이 나쁘다는 것인지 분명하지 않다. 점수는 1점이다.

의무교육의 역사는 생각보다 오래되었다. 팔레스타인은 이미 기원전부터 6~7세 어린이에 대한 의무교육을 법으로 규정했다고 한다. 우리나라의 의무교육은 1950년에 시작되어 비교적 성공적으로 정착된 것으로 평가받고 있다.

충분한 근거

관련성이 낮고 전제의 수용 가능성도 높지 않은 전제가 결론을 뒷받침하는 충분한 근거가 되기는 어렵다. 즉 이 논증에서 결론에 직접적인 근거가 되는 전제 5조차 수용 가능성이 낮아 보인다. 다른 전제들은 교육의 평등권에 관한 것인데 이것들이 참이라고 해도 성과급 지급 방식을 바꾸어야 한다는 결론의 충분한 근거가 되기는 어렵다. 왜냐하면 별 연관이 없기 때문이다. 따라서 전제들은 결론의 충분한 근거가 되기에는 미흡하다. 점수는 1점이다.

반박 잠재우기

이 논증에는 결론에 대한 가능한 반박이 전혀 등장하지 않는다. 성과급 차등 지급이 교사의 경쟁을 이끌어내어 교육의 질을 높일 수 있다든가 아니면 성과급 지급이 결국 교사에게 더 많은 급료를 지급하는 것이 되므로 교사의 사기를 높이는 데 도움이 될 것이라는 반론이 있을 수 있다. 그리고 성과급 지급 자체가 아니라 성과급 지급 방식이 문제라면 지급 방식에 관해 구체적으로 논의하자고 제안할 수도 있을 텐데 이 사설은 이런 반론을 전혀 염두에 두고 있지 않다. 오로지 자신의 주장을 쏟아내고 있을 뿐이다. 점수는 0점이다. 그럼 이 칼럼의 평점을 매겨보자.

관련성	전제의 참	충분한 근거	반박 잠재우기	평점
1.5점	1점	1점	0점	3.5점

우리나라 교육의 가장 큰 문제는 교사나 교수의 자질일 것이다. 사회의 최고 수준의 지식인들이 교수가 되고 능력과 인품을 갖춘 사람이 교사가 된다면 어떤 교육 제도하에서도 교육은 제자리를 지킬 수 있을 것이다. 학교 시설이나 학급 당 학생 수도 중요하지만 좋은 교사를 양성하는 데 모든 지원을 아끼지 말아야 할 것이다.

읽고 나서

성룡이 영화 〈취권〉에서 보여준 권법은 겉보기에 권법 같지 않다. 주정뱅이가 흐느적거리는 것과 그다지 다르지 않아 보인다. 하지만 영화를 자세히 보면 자연스러운 권법을 익히기 위해 피나는 노력을 한다. 그렇게 해서 권법이 몸에 완전히 익으면 권법을 잊게 되는 것이다. 이 책을 읽은 독자도 이 셈본을 몸에 익혀 셈본을 완전히 잊기 바란다. 매뉴얼을 알고 매뉴얼대로 하고 있다면 더 이상 매뉴얼은 필요 없을 것이다.